おやさと写心帖

小平尚典
PHOTOGRAPH & TEXT
NAONORI KOHIRA
道友社編

MYファースト天理

道友社

目次 CONTENTS

＊本文中の人物の年齢・役職などは『天理時報』掲載時のもので、本文末尾の日付は掲載号を表します。

MY ファースト 天理

清々しくも厳かな
聖地の早暁

MY FIRST TENRI

新年一月六日、初めて天理教の「お節会《せち》」を体験した。

前夜、東京から天理へ入る。早朝の静まり返った天理本通りを抜け、まだ薄暗い夜明け前の本部神殿に到着した。

日の出は午前六時五十五分すぎらしい。東の空のまばらな鱗雲《うろこぐも》が少しずつピンクに色づいてきた。白い雲が、白夜のような深い青一色の空を舞う。大甍《おおいらか》の神殿の前に立ち、あらためて身の引き締まる思いがした。

三百六十度のパノラマを見渡しながら撮影を開始すると、東の空が赤く染まる。それを遮《さえぎ》るかのように、低い雲が徐々に羽衣《はごろも》のように山を覆《おお》い、日の出をベールに包み込む。寒さを感じながらも山からの風は心地よく、清々《すがすが》しくも厳《おごそ》かな聖地の早暁《そうぎょう》である。

好奇心旺盛《おうせい》な僕は、あたりを散策した。「ここは餅《もち》を焼く場所です」と教えてもらったところは、コンクリートの床の一部が溝になっており、そこに満遍なく炭を敷き詰め、金網を置いて、お節会期間の三日間で約十万人分もの餅を焼くそうだ。

お供えされた鏡餅をお下がりとして頂くことは、日本人なら当たり前の伝統文化かもしれないが、やはり、ありがたい気分になる。餅焼き場の近くでは、三重県の畑などで信者の方々が大

お節会の日、静寂に包まれる早暁の神苑

会場で心を込めて奉仕する高校生たち

切に栽培された水菜が刻まれ、出番を待つ。出汁《だし》は、昨年末からイリコの頭と内臓を取り、醬油《しょうゆ》と塩で旨味《うまみ》を整えた、香り高いすまし汁である。何百何千もの人の力で、この準備がなされたのだろう。感謝。

十時から「お節会」が始まる。お神《み》酒《き》を頂いた後、餅と水菜をお椀《わん》に入れてもらい、そこに若者たちの手で出汁が注がれる。僕は、振る舞われたお雑《ぞう》煮《に》の美味《おい》しさに、ニコニコ顔で舌鼓を打った。

当然のごとく、おかわりをお願いしたら、焼き餅と水菜がどこからともなくさっと入り、出汁が注がれた。一椀に見る日本の和の究極の調和だ。

新春の天理の一日に、今年の大いなる元気を頂いた。夕方、帰路の列車内で、過ぎ去る古都の暮れなずむ山々を見ながら、若い人たちが笑顔で優しくもてなしてくれた姿が、爽《さわ》やかな残像として思い出された。

〈『天理時報』平成22年1月24日号掲載〉

東の空からドラマチックに陽《ひ》が昇る

神殿に向かう未明の天理本通りは、静寂に包まれていた

お雑煮を頂く前に、神前で拝をする子供たち

切り餅を一つひとつ手作業で焼き上げる

お節会

天理教教会本部の新春の恒例行事「お節会」は、毎年1月5日から7日まで実施される。年末、各地の教会からお供えされた座布団大の鏡餅は、正月三が日、神殿に供えられる。その量、約40トン。4日の「鏡開き」で食べやすい大きさに切り分けられ、すまし雑煮にして帰参者に振る舞われる。お正月に供えられた餅を雑煮にして供するこの催しは、明治初期にはすでに始まっていた。

生きがいの原点を心に刻む

MY FIRST TENRI

下校途中、神殿に向かって礼拝する
天理小学校の児童

真冬の天理を訪ねた。

盆地特有の冷たい風が肌を刺す。枯れ葉が舞い上がる新春の大空を、ふと眺めると、木の葉のごとく鳩《はと》が群れをなして自由気ままに飛んでいた。

元気な子供の声が聞こえてきた。振り向くと、本部神殿へ続く西の参道を通る小学校低学年の子供たちの姿が目に入った。まだランドセルが少し大きく見える。

「こんにちは」とカメラを向けると、快活な笑顔がピース片手にファインダーに飛び込んでくる。こちらも一緒にワイワイやっていたら、午後の日差しのなか、なんの前ぶれもなく、いつものミュージックサイレンが鳴る。

天理を訪れて、教祖・中山みき様が現身《うつしみ》をおかくしになった時刻が午後二時だと教わった。

正直なところ、ここでの一つのルーティン（決まり事）として、最初のころは見よう見まねで頭《こうべ》を垂れていた。学習と環境は正比例し、いまでは全身に血が流れて生きている自分の存在を、天理で再確認する六十秒になっている。

今年から教祖《おやさま》百三十年祭へ向かう三年千日活動が始まるそうだ。

何か一つの目標へ向かうことは、生きがいの原点でもある。最近は目の前のことばかり考えていることに、ハッとさせられることが多々ある。

正月早々、還暦の同窓会が故郷で開催された。やんちゃだった精神科医の同級生が「なんといっても、僕らの忘れられない思い出である高校時代の青春は素晴らしい」と語る。「人それぞれだから……」と思いながら、なんとなく耳を傾ける。

彼の話では、人間の脳は容量が初めから決められていて、経験したことが記憶として流れ込み、蓄えられる。誰《だれ》もが六十歳を過ぎると、最近の記憶は限界を超えて流れ出てしまう。きちんと蓄えられた記憶は忘れることなく、鮮明に残されているという。

幼いころから天理で積み重ねた経験の記憶は、誰からも奪われることはないから忘れない。毎日午後二時に手を合わせることで、天理教が掲げる「陽気ぐらし」世界の実現という大きな目標へ向かう心が培われる。それが、子供たちの生きがいの原点として心に刻まれていくのだろう。

帰途、近鉄天理駅から京都行きの急行に乗り込んだ。夕暮れの斜光が、まるで初日の出のように鮮明だ。

新年の新しい時間の始まりを感じた。

〈『天理時報』平成25年1月27日号掲載〉

教祖・中山みき

天保《てんぽう》9年（1838年）10月26日、大和《やまと》の農家の主婦であった中山みきは、神の啓示《おつげ》を受けられる。この世界と人間を創造した親神《おやがみ》・天理王命《てんりおうのみこと》が、みきの体に入《い》り込まれたのである。以来、教祖《おやさま》は寄りくる人々に教えを説き、自ら身をもって人をたすける手本を示された。そして90歳の年、明治20年（1887年）陰暦1月26日、親神様の思召《おぼしめし》により姿をかくされた。教祖はいまも存命で、世界たすけにお働きになっている。

教祖殿

Siesta

〝ふるさと〟から送るメッセージ

MY FIRST TENRI

大寒を過ぎた一月二十六日、ご案内を頂いて立教一七四年「春季大祭」に参拝した。

当日は、とにかく寒かった。東京は年末から良い天気が続いてポカポカしていたが、そんなうわついた気持ちは背筋に鉄の棒が入ったかのようにしゃきっとした。

しかし、冷たい風に吹かれ、厳しい寒さの中にいても、「親里《おやさと》」と呼ばれる天理の地には不思議な温《ぬく》もりを感じる。親里とは、人間を創造した親なる神様がいます里、という意味らしい。

ふいに、ある言葉を思い出した。

この二月から『わが母の記』という映画がクランクインする。僕も少しお手伝いをすることになったので、昨年末に井上靖《やすし》が書いた同名の原作を読んだ。

その小説の一文に、こうあった。

「私は自分の死というものをあまり考えたことはなかった。ところが父・母

教祖殿のガラスに映り込んだ本部神殿の大屋根

天理教の祭典

天理教の本部神殿で執り行われる祭典には、春と秋の大祭、毎月の月次祭《つきなみさい》、教祖誕生祭、元旦祭などがある。

秋季大祭（10月26日）は天理教の立教の日に、春季大祭（１月26日）は教祖《おやさま》が現身《うつしみ》をかくされた日にちなんで、それぞれ勤められる。１月と10月を除く毎月 26 日には、月次祭が執行される。また、初づとめの元旦祭も１月１日に勤められる。教祖誕生祭は、教祖の誕生日である４月18日に毎年勤められている。

祭典では、親神様《おやがみさま》の人間創造の目的である「陽気ぐらし」世界の実現を祈念して、神殿の中央にある聖地「ぢば」を囲んで、かぐらづとめが勤められる。

陽気ぐらしとは、世界中の人間が心を澄まし、互いにたすけ合う理想世界で、天理教の究極の目標である。

に死なれてみると、死と自分の間がふいに風通しがよくなり、すっかり見通しがきいて、否応《いやおう》なしに死の海面の一部を望まないわけにはいかなくなった。その上次は自分の番だという気持ちになってきた」と。

僕も父と母が他界し、「風通しがよくなり見通しがきいてきた」状態になって初めて、死と自分との間の〝感覚〟にふれ、いつも誰《だれ》かが守ってくれていたことに気づいた。そして、いくつになっても、後ろに親という存在があるだけで、大きな愛によって応援されていたことを知った。

教祖・中山みき様が姿をかくされたことに由来するというこの日、信者の方々は何を祈ったのだろうか。

〝心のふるさと〟である親里・天理で、僕なりに両親へメッセージを送った。

「元気だよ。大丈夫だよ。心配するなよ。ありがとうね。感謝しているよ。娘を見守ってくれよ。仕事もよろしく頼むよ……」

午後２時、参拝者は教祖殿に向かって手を合わせる（本部中庭で）

なんだか、だんだん自分勝手なお願いばかりが出てくる。一生懸命にお祈りをしても、あちらはすべてお見通しであろう。

「いままでありがとう、感謝しています」という気持ちだけで十分なのかもしれない。

気がつけば、相変わらず自分のことばかり。まだまだ〝小僧〟である。

〈『天理時報』平成23年2月6日号掲載〉

輝く笑顔に未来が見えた

MY FIRST TENRI

天理高校の正面玄関には卒業を祝う花文字

卒業生たちは、恩師とともに神苑で記念撮影

平成二十二年二月二十二日、天理高校の卒業式に出席した。〝晴れの日〟が二並びで、なんともおめでたい。

四回目の天理訪問であるが、うれしいことに、いつも青空一色の快晴だ。写真用語で言うと「どぴーかん」。

僕は天気がいいと「カメラマンは天気も実力のうち」なんて冗談をよく言っているが、内心では「太陽さん、ありがとうございます」と思っている。つまり、僕にとって「天理」とはそういう好運な巡り合わせがある場所であり、いつも清々《すがすが》しい感謝の気持ちが芽生える場所なのだ。

前日、東京から天理へ入り、『天理時報』読者モニターの方々との交流会に出席。行きがけの新幹線車内から、たまたま撮影した富士山の写真を見せたところ、とても感激していただき、大変うれしかった。

あるモニターの方から「プロはそんなふうには撮らないと思った」と言われたが、いつも三脚を立てて仰々《ぎょうぎょう》しく撮影する時代は終わった。

僕は「いいなあ」と思った風景や光景に出合うと、反射的にパシャパシャとシャッターを押す。撮影した瞬間から、その光景は〝過去〟になるのだが、新たな〝未来〟を予感させるようで楽しい。

卒業式は、まさにその縮図のような気がする。卒業式の会場には、これから未来を切り開く若い力、若者のエネルギーが満ちあふれている。式場の後

高校生活最後のホームルームは「ありがとう」がいっぱい

方から卒業生たちを眺めていると、実に頼もしく感じた。

きっと親御さんも同じ気持ちだろう。天理高校では、通常の授業に加えて、教えに根差した信条教育で生徒の心を育《はぐく》んでいると聞く。正直、僕が想像していた式とは違い、質素かつシンプルで良かった。

校長先生が式辞の中で「命の尊さ」「喜び悲しみがあるからこそ人生」「自分の生きている環境への感謝」と話され、僕もジーンときた。

式典が終わると、各教室で担任教師が一人ひとりに証書を手渡していた。ある担任は、教え子たちに「いまからいろんな人に積極的に会ってください。そしてコミュニケーションをしてください。それだけです。もし困ったことがあったら、給料日前の二十一日は避けて、いつでも会いに来てほしい」と、冗談交じりに、はなむけの言葉を贈っていた。

「生きているということはコミュニケ

新幹線から眺める富士は
やはり日本一の山である

オーケストラの生演奏をバック
に卒業証書が授与される

ーション。それを実感できないと意味がない」

あらためて教えていただいた。

皆さん、卒業おめでとう！

〈『天理時報』平成22年3月14日号掲載〉

天理の学校

天理には、幼稚園から大学・大学院まで10の学校がある。

なかでも天理高校は、野球やラグビーといったスポーツはもとより、全国屈指の実力を持つ吹奏楽部の活躍などで広く知られている。また天理大学も、柔道の名門校で、オリンピック選手が多数輩出している。親里《おやさと》管内のすべての学生・生徒数は約７千人。天理は宗教的環境のもとで人材を育てる〝学園都市〟でもある。

〝小さい春〟見つけた

MY FIRST TENRI

今年は二月の冷え込みが厳しかったためか、春がなかなかやって来ない。いつものことだが、春が待ち遠しい。暖かい日差しや花のつぼみの膨らみに春の気配を感じ、新しいことを始めるエネルギーが体中に漲《みなぎ》ってくるからだ。

本部中庭の教祖殿前を歩いていたら、かわいい梅の花が咲いていた。冬の間の枯れ枝からは想像もつかない鮮やかな紅色は、感動的ですらある。身を隠しておいて、暖かくなると、つぼみが眠りから覚めて綺麗《きれい》な花を咲かせる。

教祖殿前の紅梅が馥郁《ふくいく》たる香りを漂わせていた

当たり前のことだが、自然の営みは変わらない。

奈良時代以前、春の花といえば梅を指すことが多かったと聞く。梅よりも桜が愛好されるのは、平安中期かららしい。

そして江戸以降は、花見といえば、もっぱら桜になった。梅は春の百花に先駆けて咲くが、まだ寒いころなので、たぶん花見には向かなかったのだろう。『万葉集』などでは、桜を詠んだものより梅を詠んだもののほうが、はるかに多いとか。

梅が咲くころ、新学期の準備もそろそろ始まる。日本の新年度が四月始まりになった訳には諸説あるが、米作りの準備に入り、花の季節が来て、人生の門出や節目として相応《ふさわ》しいタイミングであったから定着したのだろう。

その昔、「ピカピカの一年生」という出版社のコマーシャルが話題を呼んだ。僕の親友が制作に携わっていた。

その撮影は、いきなり本番で子供たちの素顔に迫ったという。すべて最初のカットが採用されたそうだ。二回目は飽きてしまい、ワクワク感やドキドキ感がなくなるからだ。何ごとも最初が肝心である。

〝心のふるさと〟も春を迎え、山並みには春霞《はるがすみ》がたなびいていた。

〈『天理時報』平成24年3月25日号掲載〉

教祖殿前の梅

教祖殿前の7本の梅は「摩耶《まや》紅梅」。その最も古い木は、明治24年（1891年）に献納されたもの。移植の際に掘り取りにくい場所にあった木を二つの株に分け、それを再び一つにして植え替えたと伝えられている。

時は流れ、老樹からの挿《さ》し木で養生した「子木」が育ち、さらに老樹の根本から新たな「孫木」が芽生えて、平成元年（1989年）には3世代がそろった。天理には、梅の紋様をあしらったデザインが数多く見られる。

桜の開花とともに、三月二十一日、第八十四回選抜高校野球大会が兵庫県西宮市の阪神甲子園球場で開幕する。

高校一、二年生だけの、新生チーム同士の初々しい戦いだ。天理高校野球部は、昨秋の近畿大会準優勝という成績が評価されて選ばれた。

大会前の様子を覗《のぞ》いてみようと天理を訪れた。が、あいにくの悪天候で練習はお休み。困っているところに橋本武徳《たけのり》監督から電話を頂いた。なんでも今日は、部員が起居している「白球寮」で、生徒たちによる天理教の祭典が行われる日とのこと。慌てて白球寮へ駆けつけた。

礼拝、おつとめの後、橋本監督の講話が始まる。〝夏の甲子園大会〟で天理高を二度の優勝に導いたベテラン監督が、孫ほど年の離れた球児たちに、優しくも厳しい眼差《まなざ》しを向ける。

そして「今日は『一手一つ』という言葉について話したい」と、落ち着きのある声で語りだした。

「一手一つ」を胸に夢舞台へ

MY FIRST TENRI

天理高校野球部の学生寮「白球寮」では毎月、生徒たちが祭典を勤めている

「甲子園では、チームのことを考え、心を一つにすることが何より大切だ。心が一つにまとまったチームには、ここぞというときに踏ん張る力がある。まずは自分のできるところで、チームに貢献するという意識を持ってほしい。一人ひとりは体格も能力も考え方も異なるが、野球を通じて心をつなぎ、一つにすることができる」

外の雨音とは対照的に、部員たちの表情は晴れわたっていたと思う。心を

橋本監督は部員に「一手一つ」の大切さを話した

本部神殿に向かって礼拝する球児たち

女子マネージャーは、『もしドラ』を読んで勉強しているという

一つにして互いに信頼できる仲間がいることは幸せだ。

野球には〝絶妙な距離感〟がある。一塁ベースから二塁ベースまでの塁間は二七・四三メートル、ピッチャーマウンドからホームベース間は一八・四四メートル。これは、ランナーが盗塁する際、ぎりぎりアウトになるかセーフになるかのスリリングな距離であり、投手が百五十キロの直球やスローカーブなどの球種を駆使でき、それに打者が対応できる距離でもある。

この〝絶妙な距離感〟の中で試合を優位に進めるには、さまざまな戦術が必要となる。得点方法が、ほかのスポーツよりも複雑であるために、指揮を執る監督の力量は重要だ。特に高校野球は、球児のハツラツとしたプレーはもとよりだが、監督の戦術にも面白みがある。

「一手一つ」の精神面と戦術面の両輪がそろえば、素晴らしいチームが出来上がることだろう。

今年も全国各地から高校球児が憧《あこが》れの甲子園球場に集う。天理高ナインの活躍に期待したい。

〈『天理時報』平成24年2月26日号掲載〉

天理の野球

天理の野球は、明治33年（1900年）に開校した天理教校の野球部に始まる。明治末期から大正初期にかけて奈良県大会で優勝するなど活躍したが、やがて活動休止となる。

昭和10年（1935年）、旧制天理中学校の野球部として活動を再開。29年は選抜高校野球大会に、34年は全国高校野球選手権大会に初出場を果たす。全国高校野球選手権大会では、61年の第68回大会と、平成２年（1990年）の第72回大会で全国制覇。平成９年の第69回選抜高校野球大会でも初優勝を飾った。これまで春の選抜大会に22回、夏の選手権に26回出場。甲子園の常連校として知られている。

人だすけの人生へ旅立つ日

MY FIRST TENRI

おさづけの理を拝戴した
天理高校第二部の生徒

三月のある日曜日。本部神殿の北側にある教祖殿で、「おさづけの理」拝《はい》戴《たい》に臨む若者の様子を取材した。

厳粛な雰囲気のなか襟《えり》を正して居並ぶのは、天理高校第二部の三年生諸君である。それぞれ初めて「おつとめ衣《ぎ》」を身につけ、緊張しているものの、どこか溌剌《はつらつ》としていた。新しい自分になるうれしさと責任感が混ざり合っているようにも見えた。

回廊西側の「第三御用場《ごようば》」で説明を受け、まずは男子生徒六十人が「教祖殿御用場」へ移動した。時間になると内廊下に整列し、一人ずつ順番に教祖殿内へ進んでいく。

晴れて、おさづけの理を戴《いただ》いた生徒は、輝きとともに戻ってくる。内廊下ですれ違う友と、静かに喜びを分かち合う。

帯の色が鮮やかな女子生徒五十人も同じだ。約一時間で全員が拝戴を終えた。

おさづけの理を戴くと「ようぼく」となり、病む人の回復を願うおさづけを取り次げるようになる。つまり、おたすけ人になるのだ。

人のために生きるということは、普段の生活ではあまり考えないだろう。これまでの人生は、人のお世話になってきた。人にしてもらう人生から、人のお世話をさせていただく人生へと生き方を変える。教祖《おやさま》から戴いた〝生涯の宝物〟を持って、世のため人のために生きる人生への旅立ち――。

今回の撮影を通して、僕もあらためて自分の生きる道について考えてみた。与えられているご守護に感謝する気持ちを大切に、自分のことはさておき、不安を抱える人にきちんと心配りができるだろうか。簡単ではないが、意識することで成長の一歩を踏み出せるかもしれない。

〈『天理時報』平成25年3月31日号掲載〉

記念撮影の後、おさづけの理拝戴に臨む

「おさづけの理」

「おさづけの理」とは、病だすけの手だてとして渡されるもの。これを戴いた者は、真実の心を込めて病人におさづけを取り次ぎ、回復を願う。

天理で「別席《べっせき》」のお話を9回聞いて、親神様《おやがみさま》の教えを心に治め、おさづけの理を拝戴した者を「ようぼく」と呼ぶ。ようぼくとは、「陽気ぐらし」世界建設の用材（用木）という意味で使われる。

父から教わった黄色の意味

MY FIRST TENRI

春の風物詩「菜の花」が、天理高校の校舎近くの道の両側に連なって咲いていた。「どうして、ここに?」という疑問が湧《わ》いた。天理高校第二部の生徒たちが、参拝者に喜んでもらおうと精魂込めて育てたのだという。

誰《だれ》もが、この〝小さな菜の花畑〟に心癒《い》やされることだろう。僕にとっても、菜の花の鮮やかな黄色は特別な意味を持っている。

小学生のころ、当時住んでいた九州は筑紫平野の菜の花畑に、父が車で連れていってくれたとき、辺り一面に広がる黄色に感動した。

以来、菜の花の色が、僕にとっての黄色となった。この色を基準に、レモンの黄色は薄く、橙《だいだい》は濃いというように分類している。

大型プランターに群れ咲く菜の花

33　父から教わった黄色の意味

僕らカメラマンはさまざまな色に遭《そう》遇《ぐう》するが、自分の基本になる色がないと個性が出ない。信号機の黄色、小学生の帽子の黄色、母親が作る卵焼きやオムライスの黄色もいい。こうして物事に関連させていくと、「色」がどんどん楽しいものになっていく。

私事で恐縮だが、実は三月十二日に父を亡くした。八十六歳と三カ月の人生だった。

父は三年間病魔と闘い、僕も初めて介護を経験した。仕事をしながらであったから、決して十分な介護ではなかったが、父とはいろいろな話をした。時には言い過ぎたかなと反省したり、泣いたり笑ったり、長い時間を父と過ごした。

ただ、父にとっての〝黄色〟が何であったのか、聞かなかった。いま思えば残念なことだが、想像するに、冷蔵庫に冷やしていた大好きなみかんか、毎朝食べていた好物のベーコンエッグの黄身のどちらかだろう。

生前、天理へ取材に行く僕に、父は「水道哲学」という言葉を教えてくれた。調べてみると、パナソニックの〝生みの親〟である松下幸之助氏の経営哲学だと分かった。

青年実業家であった幸之助氏は、天理を訪れて次のように悟ったという。――すべての物質を水のように安価で豊富に生産していこう。そこで初めて貧は征服される。宗教は心の安らぎを与え、我々は豊かに物資を供給する。その両輪が備わって初めて人間生活が完成する。その両輪は同じ尊いものや――。新たな経営方針を社員に訴え、感動の決意表明をしたというのだ。

幸之助氏が天理で見たものは、巨大な教団の施設もさることながら、静寂と敬虔《けいけん》の満ちた雰囲気、喜々として無償で奉仕する多くの信者の姿など、戦後の時代を急ピッチで発展させていく、使命感あふれるエネルギーだったのかもしれない。

ここに、いまの時代を拓《ひら》くヒントがある気がする。自分の存在価値を感じる〝時〟こそが、人生における真の「生きがい」となるのだろう。

父はそのことを僕に教えたかったのかもしれない。できればもう少し、一緒にいたかった。

〈『天理時報』平成22年4月4日号掲載〉

『万葉集』に詠まれた布留《ふる》川の堤防を、桜並木が華やかに彩る

天理と松下幸之助

パナソニック（旧・松下電器産業）創業者の松下幸之助氏が知人の案内で天理を訪れたのは、昭和７年（1932年）のこと。親里《おやさと》では折しも南礼拝場《らいはいじょう》と教祖殿の建設が進められており、各地から参集した大勢の信者によって大規模な普請が進められていた。

その生き生きと働く光景に感銘を受けた幸之助氏は、理想の経営方針を追求する企業として生まれ変わるべく、同年５月５日、第１回創業記念式典を挙行。この年を「命知《めいち》元年」と名づけ、世界人類に寄与する企業を目指していくことになる。

卯月、さわやかな汗を流す

MY FIRST TENRI

ひのきしん前、本部中庭に集まった人々は陽光に包まれた

四月二十九日早朝、目が覚めると外は雨。昨夜は「雨が降りませんように」と願いつつ、いつの間にか眠っていた。

なぜか僕が訪れるたびに〝晴れの天理〟だったが、今度ばかりは、そうもいかないようだ。まあ、これも自然の恵みだからしょうがないが、カメラに収める身にはつらい。

午前七時半、天理よろづ相談所病院「憩《いこい》の家」の四階ベランダから、新緑豊かな大和《やまと》青垣《あおがき》を撮影しようとしたが、案の定、山並みは霧と雨で霞《かす》んでいた。

今日は「全教一斉ひのきしんデー」

が全国の名所旧跡や公共施設など約一千五百カ所で実施されるという。

「ひのきしん」という言葉を初めて耳にした。『天理教事典』で引くと、漢字を当てれば「日の寄進」であり、親《おや》神様《がみさま》に日々寄進するという意味を持つと書いてあった。

八時半に本部中庭集合と聞いていたので、病院から傘を差して歩いていった。

気のせいか、西の空が少しだけ明るくなったようだが、やはりグレーの雲が辺り一面に覆《おお》いかぶさっている。

集合時間よりも少し早く到着したので、教祖殿前の梅の若葉を撮影していると、急に辺りが明るくなってきた。これには、さすがの僕もびっくりした。

あまりの感動に夢中でシャッターを切った。雨に濡《ぬ》れた瓦《かわら》の屋根が銀色に光り、天がひのきしんに励む人々を歓迎しているように見えた。

集まった人々も「晴れて良かったなあ、今日は気持ちよく働けるぞ」と、

一段と気合が入っているようだ。

黙々とひのきしんに励む人々を見ていると、懐かしい記憶が思い出された。昔、町内会が盛んだったころ、両親や隣組の友人たちで大掃除や草刈りをした。怖いおじさんや褒《ほ》め上手《じょうず》なおばさんの指示で動いた。いま思えば、幼いなりに労働の汗の爽《さわ》やかさを経験した気がする。

「ひのきしんデー」の取材後、緑豊かな山々に映える柿畑へ案内された。

夏の季語ともなっている、瑞々《みずみず》しい「柿若葉」。〝色こだわり〟の僕は、「黄緑」という色そのものに感動を覚える。若葉の見ごろは数日間と短いらしい。

ひと足早い天理の五月《さつき》晴れは、僕の心を躍らせてくれた。

〈『天理時報』平成22年5月16日号掲載〉

「ひのきしん」を前に、道具の使い方などの説明を受ける

「ひのきしん」の教え

「寄進」とは本来、社寺などに財物を寄付することを指すが、天理教では、感謝の心で親神様に日々奉仕する行いを「ひのきしん」と呼ぶ。

天理教の基本教理に「かしもの・かりもの」がある。人間の体は、親神様の貸しものであり、人間の側からすれば借りもの。ひのきしんとは、親神様のご守護によって借りものの体が動かせる喜びを、報恩感謝の心で行動に表すことをいう。

「全教一斉ひのきしんデー」は、日ごろのひのきしん活動の集大成として、国内はもとより世界各地で天理教の信仰者が寄り集い、公園や公共施設などで除草や清掃に取り組む全教行事。昭和7年（1932年）に始まり、今日まで続いている。

春から初夏へ「山笑ふ」

MY FIRST TENRI

天理市柳本町の農道から、柿畑と古墳と山並みを望む

今回は、天理ならではの春を探しに来た。

前夜、高名な漫画家で、森高《もりたか》分教会長を務める中城健雄《なかじょうたてお》さんに偶然お会いした。僕も二十代のころ、漫画雑誌で漫画家の方々を撮影したことがあり、若かりしころの豪快な話をお聞きして、楽しいひと時を過ごした。

翌日の早朝、中城さんが作画を担当された劇画『教祖《おやさま》物語』を、なんとサイン入りで頂いた。早速、最初のページをめくると、ほのぼのとした、たぶん春であろう、のどかな風景が描かれていた。どうやら大和国《やまとのくに》山《やま》辺《べ》郡《ごおり》らしい。

「これだ！　今日は、この絵を探そう」

日本最古の幹道として知られる「山の辺の道」の西側の田んぼに立つ。手前に春の「柿若葉」と、真ん中には行《あん》燈山《どんやま》古墳（崇神《すじん》天皇陵）、奥には大和青垣《あおがき》の山並みを、春霞《はるがすみ》とともに一枚の写真に収めた（前ページ）。

柿若葉の季節は短く、あっという間に瑞々《みずみず》しかった若葉が青葉に変わってゆく。そんなところにも、生きる、生かされているエネルギーを感じる。

柿若葉は初夏の季語である。この辺りの柿の木は、幹そのものも剪定《せんてい》してあり、造形的にも面白いオブジェだ。

木の黒々とした太い枝から、いきなり目に染みる若緑が芽生えてくる。古墳の周りに柿が植えてあるという原風景的な構図が、日常的な景色となっている。行燈山古墳は柳本《やなぎもと》古墳群の一つで、後円部には双方中円墳という特異な墳形をした櫛山《くしやま》古墳が接している。きっと航空写真でなければ、はっきりと分からないだろう。

春になると柿の新芽がつき、大和ならではのこの風景に、人は春を感じたのではないか。

春の山の木々が一斉に若芽を吹く様子は「山笑ふ」ともいわれる。その情景が垣根のようにそびえて、青々とした緑豊かな山が折り重なるさまを「たたな（多棚）づく青垣」と詠んだ。古《いにしえ》人《びと》は的確な言葉で、われわれに季節を伝えてくれた。

ここは日本の歴史の起源。レンゲ畑の真上から、ヒバリの鳴き声を聞きながらシャッターを押した。春うらら、な素晴らしい一瞬だった。

〈『天理時報』平成24年5月13日号掲載〉

邪馬台国の有力地

「山の辺の道」沿いにある桜井市の箸墓《はしはか》古墳は、全長278メートル、高さ30メートルの前方後円墳。被葬者は孝霊《こうれい》天皇の娘・倭迹《やまとと》迹《と》日《ひ》百《もも》襲媛命《そひめのみこと》とされているが、3世紀半ばに築かれた古墳の中で最大級であるため、邪馬台国《やまたいこく》の女王・卑弥呼《ひみこ》の墓との説が唱えられてきた。

箸墓古墳に程近い天理市柳本町の黒塚《くろづか》古墳からは、卑弥呼が魏《ぎ》から贈られたといわれる三角縁神 獣鏡《さんかくぶちしんじゅうきょう》が33面出土しており、邪馬台国畿内《きない》説の有力な手がかりとして注目されている。

天理の子供たちは、朝の登校前に参拝するのが日課だ

一日の始まりの〝優しい時間〟

MY FIRST TENRI

天理にお邪魔するのも早いもので八回目になった。不思議にいつも快晴だ。相性というものがあるのだろうか、写真家にとってはうれしいご縁である。

ここまでくると、正直、いつか天理で〝遭遇《そうぐう》〟するであろう悪天候が怖くなってくる。

いつもカメラ片手に、本部神殿の周辺、街や山々をうろうろしていたが、ついに今回、特別な許可を得て、神殿内を撮影させてもらうことになった。

まずは、東礼拝場《らいはいじょう》の隅のほうから撮影することにした。広大な礼拝場を目にして、「ここの畳は、いったい何百畳あるのだろうか」と驚いた。

聞けば、この神殿は、江戸時代の末期に最初の普請に掛かって以来、信者の方たちの真実の寄進によって建て増し・建て替えされてきたものが元になっているという。だからなのか、建物には人の温《ぬく》もりが感じられる。

　早朝から神殿の回廊をぐるぐる三周ほど回っていると、午前八時前、親里《おやさと》管内の小・中・高校の児童・生徒たちが続々と参拝に集まってきた。

　登校前に、今日一日の心構えを正しているのだろうか、彼らは熱心に「おつとめ」をしている。人が祈る後ろ姿は、美しく素直だなと感じた。それは、どの宗教でも同じだろう。

　静寂な時間・空間に身が引き締まる。そういうときに、パシャパシャとシャッターを切るのは申し訳ない。ただただ、子供たちの〝祈りの時間〟を見つめ続けた。

　参拝が終わると、小学生たちは東礼拝場の階段を元気良く小走りで下りていった。若さあふれる生き生きとした子供たちを見ると、とても清々《すがすが》しくて平和そのものを感じた。

　今回の写真は、赤いランドセルを背

回廊の木目の一つひとつが光っている

負った可憐《かれん》な女の子にした（前ページ）。天理で遊び、学び、多くの出会いを経験し、社会へ出て、好きな仕事に就いてくれればうれしい。

　僕は、参拝者が少なくなった回廊をもう一度歩き始めた。ふと足元に目を落とすと、板の目に幾千もの節があることに気づいた。

　思いっきり這《は》いつくばって、マイクロレンズで撮影してみた。

　自然のエネルギーを蓄えた節が〝生きる力〟そのものに感じられ、僕は自分の人生と重ね合わせるように、その節の一つひとつをファインダー越しに覗《のぞ》いた。

　僕にとっても今日の撮影は、一つの節目を感じさせてくれた〝優しい時間〟だった。


〈『天理時報』平成22年6月20日号掲載〉

朝の学生参拝が終わり、静謐《せいひつ》な空気に包まれた東礼拝場

神殿と「おつとめ」

本部神殿の中央に「かんろだい」と呼ばれる台が据えられている。このかんろだいの据えられている地点を「ぢば」と呼ぶ。ここは、親神様《おやがみさま》が人間を創造された場所であり、ここに親神様がお鎮まりになっている。東西南北の四つの礼拝場は、このぢばを中心に建てられている。

「おつとめ」は、世界中の人間をたすける手だてとして、教祖《おやさま》が直々に教えられた祭儀。参拝者は「みかぐらうた」を唱えながら手振りをする。本部神殿は365日、24時間開かれており、おつとめをする参拝者の姿が絶えない。

天理市東部の滝本町にある「桃尾の滝」

〝命の水〟湧く「ふるさと」

MY FIRST TENRI

人類初の宇宙飛行士ガガーリンは「地球は青かった」と報告した。もっと詳しく調べると、実はこう言ったらしい。

「地球は瑞々《みずみず》しい色調にあふれて美しく、薄青色の円光に囲まれていた」と。

宇宙から地球を眺めたとき、多くの宇宙飛行士たちは、まず故郷を探したそうだ。そして、誰《だれ》もが故郷を平和にし、争いごとをなくしたいと願ったという。実際、宇宙飛行士の中には、引退後に故郷へ戻り、農業に従事する人が少なからずいたらしい。

米国では地球のことを「ブルー・プラネット」や「ウオーター・プラネット」とも呼ぶ。それくらい水と地球は切り離せないのだ。

一方、日本は地球上で最もきれいな水に恵まれた素晴らしい国である。

その清らかな水をテーマに、今回は〝天理の水〟のルーツを探ることにした。

新緑に包まれた天理は、のどかで平和そのものだ。

調べてみると、天理の水は、東の山から湧《わ》き出た清水が布留《ふる》川となって本部神苑近くを流れ、大和《やまと》川と合流し、境（堺）港へ達することが分かった。

古くは、この流れをさかのぼって、大陸から文化や情報、物資などが大和へもたらされた。天理を流れる水は、生活のための飲み水のみならず、人や物や文化を運ぶ重要な役目を果たしていたという。

旧国道二五号を東へ。天理市滝本《たきもと》町に入り山の上流へ歩いていくと、かつて修験道《しゅげんどう》の行場《ぎょうば》であった「桃尾《もものお》の滝」を見つけた。布留川の上流、桃尾山にあり、高さ二十三メートル。この辺りの大和高原では最大の滝である。

滝に近づくと、涼やかな風とイオン効果抜群の水しぶきが顔に当たる。冷水を両手ですくい味わうと、さわやかな軟水だ。「布留の滝」として『古今和歌集』にも詠まれている。

「今はまた　行きても見ばや　石《いそ》の上《かみ》
ふるの滝津瀬《たきつせ》　跡をたづねて」（後嵯《ごさ》峨《が》天皇）

いま、東日本に住む人たちは、震災と福島原発事故の影響で不安な毎日を過ごしている。古都は、そんな僕たちに落ち着きと安らぎを与えてくれる。「ふるさと」の語源は布留にあるとも聞く。そんな「ふるさと」の滝を眺めていたら、この地球を支えているのは〝命の水〟であることを、あらためて知らされた。

〈『天理時報』平成23年6月5日号掲載〉

日本人と「大和」

「倭《やまと》は国のまほろば　たたなづく青垣《あおがき》　山隠《やまごも》れる　倭しうるはし」と大和の地の美しさを歌ったのは、倭建命《やまとたけるのみこと》といわれている。粗暴な振る舞いが多く、父・景行《けいこう》天皇から各地の朝敵の討伐を相次いで命じられた倭建命。『古事記』に記されているこの歌は、晩年、望郷の思いを込めて詠んだものという。

青い垣根のように、なだらかな山々に囲まれた大和は、日本文化の発祥地といっても過言ではない。悠久の時を経て、いまも変わらぬ〝ふるさとの原風景〟が、ここにある。

「おつとめ衣」の結婚式

MY FIRST TENRI

夏の季節に入る前、六月に結婚する花嫁を「ジューン・ブライド」と呼ぶ。ジューン・ブライドとは、古代ローマ神話に出てくる結婚をつかさどる女神の名（Juno）に由来するもの。この月に結婚した花嫁は幸せになれると伝えられている。

いつの時代も、季節にちなんだ〝すてきな物語〟は必要だ。花嫁が幸せであれば、きっと花婿《はなむこ》も幸せであろう。

まだ梅雨入り前の緑あふれる季節、教祖殿での結婚式を撮影させていただく機会を得た。人生の節目を迎える若い二人を前に、こちらも少し緊張する。

新郎新婦とともに、その場に立ち会う参列者の方々は、まず西礼拝場《らいはいじょう》に集合し、そこから回廊を歩いて教祖殿へ向かう。

教祖殿での式を終え、めでたく夫婦となった新郎新婦

漆黒のおつとめ衣だからこそ、花嫁の帯が一層映える

式では、主礼《しゅれい》と新郎新婦が教祖殿内へ参進して着座。一拝ののち、二人は「夫婦固めの盃《さかずき》」を頂く。

その後、主礼は「誓詞《ちかいのことば》」を奏上する。

「いまだ二人は至らぬ勝《が》ちではございますが、いまより後《のち》は互いに変わることなく千代《ちよ》の契《ちぎり》を結び、常に教祖《おやさま》のひながたをたどり、御教《みおし》えに沿うて、いかなる中も一つ心にむつび合いたすけ合いつつ、日々晴れやかに心陽気につとめさせていただく覚悟でございます」

新郎新婦に代わり、ご存命の教祖にお誓いする声は力強い。

主礼を芯に新郎新婦が礼拝。その後、回廊を歩いて南礼拝場へ。参列者はそろって結界内でおつとめを勤める。そして再び回廊を歩いて、教祖、祖霊《みたま》様に礼拝する。

何の飾りもない簡素な「おつとめ衣《ぎ》」の結婚式。そこにいるだけで、不思議と落ち着く。これまでに経験したことのない新鮮な気持ちが込み上げてくる。人だすけの人生を歩む自覚と決意を胸に、夫婦そろって門出する――。その様子を、親族や友人一同が温かく見守る。

その傍《かたわ》らで、参列者の子供が走り回り、赤ん坊が泣く……。しかし、こう

天理教の祭服

天理教の祭服には「おつとめ衣」と「教服」がある。おつとめ衣は祭典や結婚式などで着用し、教服は朝夕のおつとめや信者宅での祭儀などで着用する。また、黒地に白抜きで「天理教」と背中に大書されたハッピは、天理教のさまざまな行事や活動で着用するほか、教会本部の勤務者や修養科生（67ページ参照）は常時着用している。

この記念写真こそ、人生最高の瞬間だろう

した雑音も神殿に包み込まれていく。一瞬、深海の底にいるような感覚さえ覚える。その場に居合わせる人々の一日を、喜びとともに心に刻む。

新郎新婦の誓いは、参列者と回廊を歩く中で、未来への希望となって膨らんでいくのだろう。

僕は後ずさりをしながら、ファインダー越しにシャッターを切りつつ、動画を撮るがごとく、長い間、二人を眺めていた。

窓からは大和《やまと》の山々や神殿の屋根瓦《がわら》……。空には、二人を祝福するように雲が次から次へと現れ、そして消えていく。

末永い、お二人の幸せを祈る。

〈『天理時報』平成24年6月17日号掲載〉

古代のロマン あふれる小径

MY FIRST TENRI

深夜までサッカーワールドカップ決勝トーナメント、日本対パラグアイ戦を見ていた。日本は惜しくも敗れたが、チームが一つにまとまる姿を見て、胸が熱くなった。

梅雨時の撮影のため、雨も覚悟していたが、どんよりとした曇り空から、いつの間にか太陽が顔をのぞかせていた。九回目の天理も晴れである。

今日は「山の辺の道」を歩く。以前から、どこか神秘的な雰囲気のあるこの古道を歩きたいと切望していたが、ついに実現した。

いよいよ〝日本最古の道〟の撮影紀行の始まりだ。まずは天理駅から市街を東に向かい、存在感のある本部神殿の前を通って石上《いそのかみ》神宮へ。そこから山の辺の道に入り、桜井市方面へ向かった。

テクテクと歩きながら、神社や寺、

「山の辺の道」の中ほどにある、木々に囲まれた小径

水田、畑、そこで働く農家の人々、道端の花や虫などを目にするたびに、カメラを構えて絵にしたくなる。この道で見るものすべてに、日本的な〝間〟と〝色〟を感じた。

道中、緩やかな坂道もあるが、適当に休める場所もあり、いまなお、この古道を好んで歩くハイカーの気持ちが分かる。

一千数百年以上も前から人々が通っていた道。僕にとっては、思わず自分の人生を振り返ってしまうような〝魂の道〟でもあった。

前ページの写真は、石上神宮から三十分ほど歩いたところにある山裾《やますそ》の緩やかな坂道。ふと小径《こみち》の先を見上げると、木々のサークルが現れた。

その光景に、僕はハッとした。アメリカの写真家ユージン・スミス（一九一八〜七八）の代表作の一つ『楽園への歩み』と同じ光景に見えたからだ。

彼がニューヨーク郊外で撮影した、二人の子供が手をつないで歩く純粋な後ろ姿をとらえた写真が、僕のまぶたに一瞬浮かんだ。

山の辺の道の、この木々の輪の先にも、僕の〝楽園〟につながるルートがあるような気がした。

訪れたかいがあった。水田から流れる水の音や、ツバメの鳴き声を聞きながら、カメラ片手にぶらりと歩く。素晴らしいひと時を過ごすことができた。

古《いにしえ》のロマンあふれるこの道は、四季折々の〝原色日本〟のすべての要素を兼ね備えている。

どこか懐かしい、日本のふるさと。天理の一帯には何かがある。

〈『天理時報』平成22年7月25日号掲載〉

山の辺の道

「山の辺の道」は奈良市の春日《かすが》山のふもとから、奈良県桜井市の三輪《みわ》山のふもとにかけて南北に結ぶ約30キロの古道。日本最古の幹道として知られており、道沿いには古墳や社寺のほか、『古事記』『日本書紀』や『万葉集』ゆかりの史跡などが数多く点在する。

天理市の石上神宮から桜井市の大神《おおみわ》神社までの約15キロの道のりは、ハイキングコースとして人気が高い。

集落の周りを濠《ほり》で囲んだ「環濠《かんごう》集落」は、南北朝時代に生まれた村の自衛手段（左上）
無人販売所で売られている野菜は、地域の人たちが丹精込めて育てたもの（右下）
ハイカーたちは、「こんにちは」とあいさつしながら足取り軽く歩く（左下）

MY FIRST TENRI

梅雨の「まほろば」を歩く

梅雨とは春の終わりであり、夏に向かう季節でもある。

なんでも梅の実が熟すころなので、そういわれたらしい。また、カビが生えやすいことから「黴雨《ばいう》」と呼ばれたとも辞書にある。

確かに、この時期はジメジメして、エアコンの温度／湿度を気にしながら生活するのは鬱陶《うっとう》しい。

しかし、霧に霞《かす》む大和《やまと》の山々を見ていたら、蒸し暑さに大汗をかきながらも、「天理の梅雨」に真正面から向き合いたくなった。

低い山が連なる青垣《あおがき》に囲まれた盆地は、大いなるものに抱かれているイメージであり、倭《やまと》は秀《すぐ》れて豊かな国ということで「まほろば」と呼ばれたという。

天理市三昧田町の教祖誕生殿付近から、霧が湧《わ》く東の山並みを望む

古人《いにしえびと》は、北九州から海路で瀬戸内を遡《さかのぼ》り、そのまま東に向かって突き当たりの大阪に着いた。さらに、大阪湾に注ぐ大和川を上って盆地に至り、ここに国をつくろうとしたのではないか。実は、僕は北九州出身なので不思議な縁を感じる。

そんなことを考えながら、天理市三《さん》昧田《まいでん》町の「教祖《おやさま》誕生殿」から傘を差して農道をそぞろ歩く。

里芋の葉に雨の滴《しずく》がたまり、ころころとビー玉のように動き回る。葉脈《ようみゃく》が植物の生命力を教えてくれる。柿の実も小さく膨らんできた。

合歓《ねむ》の木の花もきれいに咲いている。夏服の生地のような色とりどりのあじさいも、あちこちで満開だ。カボチャや胡瓜《きゅうり》の黄色い花が、緑の葉陰に見え隠れしてかわいい。折り重なる山々は、ブルーマウンテンのごとく霧の中で青く輝いている。

目からうろこのような梅雨時の素晴らしい景色に出合い、写真撮影ができたことに感動した。大汗もかきがいがあった。

「無常」という言葉を、おのずと意識した。いつまでも続く状態は一つとしてない。この世に生まれたあらゆるものは、やがて消滅し、すべては留《とど》まることなく変化していく。多くの人が生まれ、亡くなり、繁栄してきた土地は居心地が良く、安心感がある。

ここは、日本の文化の誕生した地点であり、シルクロードの終着点でもある。あらためて、日本のふるさとを実感した。

〈『天理時報』平成23年7月10日号掲載〉

教祖の道すがら

教祖・中山みきは寛政《かんせい》10年（1798年）、大和国山辺郡《やまべごおり》三昧田村（現・奈良県天理市三昧田町）に誕生された。大庄屋の家柄に育ち、心優しく、信心深い子供だったと伝えられている。

13歳になると庄屋敷《しょやしき》村（現・天理市三島《みしま》町）の中山家へ嫁がれた。嫁として、妻として、村役を務める家をきりもりし、慈悲深く善行を施す姿は敬愛されたという。

天保《てんぽう》９年（1838年）10月26日、41歳の教祖は、親神《おやがみ》・天理王命《てんりおうのみこと》の啓示《おつげ》を受けられる。以来、人々に教えを説き、自ら身をもって人をたすける手本を示された。そのたすけ一条の道中は50年の長きに及ぶ。

夫婦が向き合い、「おさづけ」を取り次ぐ

地道に伝え広める気概

MY FIRST TENRI

初めて天理を訪れてから三年が経《た》った。最初は、それなりに戸惑いを感じていた僕も、最近では少しずつ「陽気ぐらし」のイメージがふんわりと心に浮かぶようになってきた。

天理で知り合った夫婦が修養生活を送っていると聞き、間もなく修了を迎える前のある一日を取材した。

早朝から本部神殿で掃除に励み、詰《つめ》所《しょ》へ戻ってからも「ひのきしん」。朝食を済ませると、仲間よりも先に神殿へ向かい、交通整理に当たる。あいにくの雨で全体朝礼は中止になった。午前の授業と昼食の後、午後からは鳴物《なりもの》練習をするという。

夫である彼は、六つある男鳴物の中から笛を選んだ。息継ぎが難しく、酸欠状態になりそうで、顔を真っ赤にしながらも繰り返し稽古《けいこ》していた。

厳しいスパルタかと思いきや、指導する先生たちは優しい。自分で考えて自分で習得できるまで、温かく見守り、導いてくれているようだった。

鳴物練習を終えると、詰所へ戻ってひのきしん。夕食後、夕づとめと修練。そして、病を抱える仲間に「おさづけ」

を取り次ぎ、ようやく就寝となる。

信仰五代目の彼は「修養を通して、陽気ぐらし世界を目指す『ようぼく』として生まれ替わり、新しい人生を踏み出したい」と話してくれた。修養科七十二日目の引き締まった顔に呼び覚まされるように、ある記憶がよみがえった。

好きな南の島に、ハワイのカウアイ島がある。

そこで僕は、ハワイの伝統文化である「フラ」の存在を知った。男性の「フラ」はフラダンス、ウクレレ、サーフィンの三つが基本。その技術を習得した者は、島を出て海を渡り、自分が備えた特技で交流し、ハワイ文化を広める使命を託される。

僕は、そういう伝統的な「フラ」文化に憧《あこが》れる。普段から高い意識を持ち、技術を積み重ねて自分のものにするには努力と根性が必要だ。

彼の姿に、似たような気概を感じた。きっと故郷へ戻ってからも、日々の暮らしの中で教えを実践し、修養科で得たことを心の糧《かて》として、地道に教えを伝え広めていくのだろう。

〈『天理時報』平成24年7月29日号掲載〉

詰所での掃除も修養の一つ

老いも若きも肩を並べて鳴物練習に励む

小雨の降るなか、交通整理に当たる若い修養科生

修養科

修養科とは、親里《おやさと》で３カ月間、親神様《おやがみさま》の教えを学び、実践しながら、人間の本当の生き方を身に付けるところ。

満17歳以上であれば、老若男女《ろうにゃくなんにょ》の別なく、国籍、学歴、経歴、職業を問わず、誰《だれ》でも入ることができる。

修養科生は、互いにたすけ合う共同生活を通じて、陽気ぐらし世界の建設を担う「ようぼく」としての自覚のもと、新たな人生に門出する。

「おやさとパレード」の開始前、子供たちをゲームなどで楽しませる高校生

MY FIRST TENRI

子供を楽しませる大人たち

大阪での仕事の打ち合わせの前に、スタッフらに「明日、天理の『こどもおぢばがえり』へ行くんだ」と話すと、皆「自分も子供のころに参加したことがある」と笑顔を見せた。

スタッフ一同、「あんなに楽しい夏休みはなかったなあ！」と盛り上がり、「こどもおぢばがえり」は信者の子であろうとなかろうと参加できると教えてくれた。全国各地から毎年、大勢の参加者があるが、特に関西では、誰《だれ》もが子供時代に一度は参加しているのではないか、とのこと。

そんな予備知識を持って、僕も子供のようにワクワクしながら天理へ向かった。

まずは、夜のメーン行事「おやさとパレード」を見学。日本全国から集まった鼓笛隊の演奏レベルの高さに感心した。

統制の取れたマーチングバンドやカラーガード、バトントワラーも笑顔を絶やさず、素晴らしい演奏・演技を披露していた。なかには日本一のチームもあるという。納得である。これほど大規模なパレードを、十日間にわたって毎夜行っているというから驚きだ。

昼間の屋外行事はもとより、「バラエティー」などの室内行事でも、コテコテの〝大阪演芸〟のようなコントをはじめ、ダンス演技やバンド演奏などの出演者が一生懸命で好感が持てたし、それ以上に、見ている子供たちの笑い声や声援がとても素直で心地良かった。

これらの行事会場を見て回って、僕が一番「すごいな」と思ったのは大人の対応である。

大人が愛情を持って一生懸命に子供のために世話をしている。これは当たり前のことのようだが、大人たちが自分のことだけで精いっぱいになっている今日の日本社会で、このように精神的に余裕のある大人たちがいることが、実にうれしく頼もしい。

きっと子供たちも、そんな大人に感謝して、自分が大人になったときには、同じような態度で子供に接することだろう。その証拠に、前ページの写真に見られるように、高校生たちが子供たちを温かく迎え、楽しませていた。

思えば、昔は子供の目線で対応できる、うるさくて怖い〝オヤジ〟が大勢いた。ところが最近は、僕自身も他人の子供には遠慮して注意すらしない。ある意味でカルチャーショックを受けた。

この夏は、総勢二十万人を超える参加者が「天理」に集まったと聞く。初めて「こどもおぢばがえり」を経験して、素直な子供たちに出会い、少子・高齢化などという風潮を吹き飛ばすほどのパワーを感じた。

「天理」に集った〝わんぱく少年少女〟には、実に元気で子供らしい勢いがあり、次世代につながっていく未来が感じられる。そんな子供たちから若いエネルギーを頂いた。

〈『天理時報』平成22年8月15日号掲載〉

「こどもおぢばがえり」

本部神殿の中心にある「ぢば」は、親神様《おやがみさま》によって人間が創造された場所であり、人類のふるさと。ここに、元なる親を慕って〝里帰り〟することを「おぢば帰り」という。

「こどもおぢばがえり」は、毎年７月26日から10日間開催される〝子供のフェスティバル〟。教えを学び身につける「しこみ・ふせこみ行事」と、さまざまな工夫を凝らした「おたのしみ行事」が、神苑一帯で催される。

行事の運営に関わるスタッフは５千人を超え、高校生や大学生、各地の教会関係者などが受け入れに当たっている。

WOULD YOU LIKE SOME TEA?
お茶 どうぞ!
cold TEA
Don't take out!

MY FIRST TENRI

〝一緒に生きている〟という思い

八月十二日、新幹線の車内は、荷物を持った家族連れで混雑していた。

人はなぜ「お盆」に帰省するのだろう。残念ながら、僕の父母は他界し、帰省しても訪れる場所が無くなってしまった。無くして初めて、その場所の温かさと有り難さを実感している。

京都駅で乗り換えて、あっという間に天理駅に到着。いまは、ここ親里《おやさと》が僕の〝帰省地〟だ。

今回は、全国各地から高校生がおぢばに帰り、教えを学ぶという「学生生徒修養会（略称＝学修）・高校の部」を取材した。

今年、集まった高校生は一千三百五十八人（うち女子七百二十七人）。期

大阪から十三峠を越え、神殿前にたどり着いた高校生

レクチャー(講義)の中で、先人の逸話に基づく人形劇を作成した(右)
「こどもおぢばがえり」で使用した人工芝の清掃ひのきしん(左)
レクリエーション行事で発表するダンスの練習を見守るカウンセラー(下)

間中、六百三十九人のスタッフが世話取りに当たると聞いた。

プログラムの一つ、「先人の道（十《じゅう》三峠《さんとうげ》越え）」では、大阪から徒歩で峠を越えて、一路おぢばを目指すという。一部区間でバスを使うとはいえ、この炎天下、十数キロもの過酷な道のりである。

おぢばに到着した瞬間、登山家が初登頂に成功したかのように、誰《だれ》もがはしゃぐ。多感な高校生たちは、皆それぞれ何か悩みを抱えているだろうが、それでも写真の彼らからは「自分一人ではない、一緒に生きているんだ」という思いが見えてくる。

歓喜の声を上げる高校生の一方で、僕はシェルパ的な存在の、青いポロシャツ姿のカウンセラーたちが気になった。ありていに言えば、お世話係の気のいい、お兄さんお姉さんだ。

カウンセラーは、常に高校生たちと目線を合わせ一生懸命だ。何が彼らを衝《つ》き動かすのだろう。誰もが通過する十七歳前後の混沌《こんとん》とした時期に、カウンセラー自身の若い時代を重ねているのだろうか。いずれにしても、青春には有形無形の導きが必要である。

今年、学修に参加した生徒は、比較的おとなしいと聞いた。それはそうだろう。いまの厳しい日本の現状を、それぞれの立場でじっくり考えて、過去と未来を心に刻んでいるに違いない。

きっと、それぞれの胸の内を仲間やカウンセラーに、自分なりのスタイルで伝えているのだろう。それを共有して、さらに大きく成長してほしい。

帰りは天理駅から京都行きの近鉄急行に乗った。窓辺の赤いイスに座ると、ちょうど夕暮れの淡い陽《ひ》がまぶしい。その優しい景色を眺めながら、彼らが帰る故郷に、ほやほやの「希望」が生まれることを確信した。

〈『天理時報』平成23年8月28日号掲載〉

若者の育成

「学生生徒修養会」は、日ごろ天理に帰る機会の少ない高校生や大学生が、夏・春の休みを利用して集まり、合宿生活を通じて信仰の喜びを分かち合う場として毎年開かれている。

このほか、教会・地域単位の学生会活動も盛んで、「ひのきしん」や親睦行事などを自主的に行っている。

天理の「ワッショイ」とどろく

MY FIRST TENRI

一塁側アルプス席で応援する天理高校吹奏楽部

天理

アルプススタンドに真夏の
陽射《ひざ》しが降り注ぐ

吹奏楽部の育ての親

天理高校吹奏楽部は昭和11年（1936年）に誕生した。「ファンファーレ」の編曲者であり、天理高校吹奏楽部初代指揮者の矢野清氏は、チェロ奏者を経て13年に天理高校講師に。48年に亡くなるまで吹奏楽部を指導し、同部を名実ともに国内屈指のバンドへと育て上げた。

これまで同部は、全日本吹奏楽コンクールで優勝８回、全国学校合奏コンクールで最優秀賞５回（管弦楽団２回を含む）、全日本高等学校吹奏楽大会で優勝２回という実績を残している。

第九十四回全国高校野球選手権大会が、真夏の甲子園で繰り広げられた。今回は、出場権を得た天理高校野球部を応援する同校吹奏楽部を取材した。

迎えた初戦。趣向を変えて、一塁側の天理応援団を敵チーム側から撮影してみた。

六百ミリの超望遠レンズを三塁側アルプススタンド最上部に設置。試合開始のサイレンが鳴り響くと、選手たちへの応援と歓声で甲子園は一つになった。

三塁側スタンドに陣取る敵応援団も、勝利を願う大声援を懸命に送っていた。わが故郷の九州にあるそのチームにもエールを送る。

正面に位置する天理応援団を眺め、吹奏楽部の演奏に耳を澄ます。

相手ピッチャーは手ごわい。やっと四回裏のワンアウトから二番・東原匡《まさ》志《し》君がカーンと金属バットの快音を残し、チーム初ヒットの二塁打を打った。

すかさず、ここで誰《だれ》もが聞き覚えのある「ファンファーレ」だ。春夏の高校野球大会で演奏される人気応援曲二十八曲を集めたアルバム『ブラバン！甲子園』のCDで事前にリサーチしてある。これは天理のオリジナル応援曲なのだ。

この曲は、天理高校吹奏楽部初代指揮者の亡き矢野清先生が序曲『マキシンクッキー』（バウルス作曲）を編曲したもので、低音部の伴奏を高音に引き上げ、テンポを速くしている。

勝利のあいさつをする球児に、
応援団は歓声と拍手で応えた

トランペットの高い音が球場全体に鳴り響く。ランナーが出ると、すかさず演奏する。

もう一曲、『ワッショイ』というオリジナル曲がある。次第にテンポが上がっていくこの曲は、畳みかける総攻撃時に演奏される。

得点圏にランナーが進み、どうなるか期待と不安で手に汗を握りながら観戦する。

そうだ。この二曲がひっきりなしに鳴れば、天理の〝勝利の方程式〟が成立するのだ。

炎天下の演奏は選手以上に大変だろう。何げない音も、知れば知るほど奥が深い。

人生のピンチもチャンスも、これらの応援曲を思い出して乗り越えよう。帰りの阪神電車内では、思わず僕も自分のために「ワッショイ」を口ずさんでいた。

〈『天理時報』平成24年8月26日号掲載〉

練習に打ち込む教校学園高校マーチングバンド部

やり遂げる経験を積み重ね

今夏「こどもおぢばがえり」を見て回った際、夜の「おやさとパレード」に感動した。子供たちの鼓笛隊や高校生のマーチングバンドの息の合った躍動感あふれる演奏・演技に、久しぶりにワクワクした。音がそろっていて上《う》手《ま》かった。

今回お願いして、天理教校学園高校マーチングバンド部のカラーガードの練習風景を見学させてもらった。

そもそもカラーガードの「カラー」というのは、「国旗」あるいは「軍旗」の意味であり、軍隊におけるこれらの旗の「ガード」、つまり「警護隊」を起源とするらしい。

近代的なマーチング・ショーでは色彩感や立体的な空間構成が重要視されることから、カラーガードの演技は欠

かすことのできない存在になっていると聞く。

実は、僕の親しい友人の娘が、アメリカの高校でカラーガードを演じていた。マーチングバンドとの行進、大きな旗や木製のライフルを軽々と操る姿は颯爽《さっそう》としていて、とても頼もしかった。

ということで、僕はカラーガードについては、少しは見る目があると自負している。それだけに、かなりハードな練習をしないと、人前で披露できないことも知っている。

マーチングバンドとカラーガードは〝平和のシンボル〟である。マーチは旧チェコスロバキア時代に生まれたらしい。チェコ・フィルハーモニー管弦楽団の首席トランペッターであり、軍隊のマーチングバンドで活躍した友人のミハエル・ケイマルは「ヨーロッパの鼓笛隊から始まった」と教えてくれた。そして彼は「背筋に鉄の棒を入れてケツを締めて、真っすぐ毅然《きぜん》と歩くことが秘訣《ひけつ》だ」と言っていた。ある意味、スポーツよりも過酷である。

彼らマーチングバンド部のように、皆で支え合いながら一つのことをやり遂げる経験を、若いころになるべく多く積んだほうがいい。つらいことも楽しいことも、成長とともに身体《からだ》の中に蓄積され、人は互いにたすけ合いながら生きていることを実感できる。

社会へ出たとき、その経験がどれほど役に立つことか。たぶんそれは、家族的な生活習慣に自然と同化していき、一人の社会人として成長するうえで、心強い支えとなるに違いない。

スポーツにも同様のことがいえるかもしれないが、人間とは面白いものを考え出す生き物だと、つくづく思う。

自分の役割を確立し、協調してつくり上げることのできる彼らは、どこへ行っても頼もしく活躍することだろう。

〈『天理時報』平成22年9月26日号掲載〉

教校学園高校マーチングバンド部

親里《おやさと》管内の各学校では、音楽系のクラブ活動にも力を注いでいる。天理高校吹奏楽部がステージバンドとして全国トップクラスの実力を誇る一方、天理教校学園高校も、楽器を演奏しながらダイナミックな演技を見せるマーチングバンドとして全国に名を馳《は》せる。

その前身は、昭和51年に創部された天理教校附属高校（当時）のマーチングバンド部。その伝統を今日の教校学園高校が受け継ぎ、全国大会で15回のグランプリに輝く実績を残している。

初秋の天理の青空は実にさわやかだ

カラーガードを思いっきりたなびかせ、躍動感あふれる演技を見せる（右）
サーベルとライフルを模したバトン（左）

「火水風」の恵みを知るキャンプ

秋分の日、少年会本部主催の「親子で楽しむ　さんさいの里キャンプ」という行事を取材した。

天理教野外活動センター「さんさいの里」は、「たすけあいと創造」をテーマに昭和四十六年に開所された。

「自然をよく知り　親神様の恵みに感謝しよう」

「生活する力を身につけ　ものを生かす工夫をしよう」

「互いにたすけあって　豊かな人間関係をつくろう」

少年会のスタッフが、この活動理念を忠実に守りつつ、子供たちと自然体験を共にする。ここでも「こどもおぢばがえり」と同じく、子供目線の情熱ある大人の対応がうれしい。

二十年ほど前、アウトドア雑誌の取

少年会スタッフとキャンプファイアを楽しむ子供たち

炎を囲んでのゲームに笑顔がこぼれる

木の枝に穴を空け、バードコールを作る

材で『コンプリートウォーカー』（遊歩大全）の著者であるコリン・フレッチャーさんをサンフランシスコの南、カーメルの渓谷に訪ねた。赤いコールマンのランタンを片手にスナップ写真を撮影した。

この遊歩大全は、バックパッカー（低予算で一人旅をする旅行者）の聖典ともいわれるアウトドアの教科書である。山の歩き方、テントで寝る楽しみ方、山での食事の作り方、そして真の環境保護に関することなどが、イラスト入りで分かりやすく解説されている。

いまでも覚えているフレーズがある。

「カブトムシはクヌギの樹液が大好物で、クヌギの幹に集まってくる。ところが、暴れん坊のスズメバチも、この樹液が好物なので、僕ら人間は用心していないと刺される危険がある」

「もしガラガラヘビが、しっぽをガラガラ鳴らしていたら、それは彼らがおびえて警告を発している証し。教養のある人間は、このことを察して彼らの行く手を閉ざさずに迂回《うかい》しなければならない」

「各自が一人用のテントを持参する、責任あるアウトドアライフを提唱する」

これらは自然と人間が共存するためのルールであり、さんさいの里のテーマである「たすけあいと創造」にも通じるところがあるのではないか。

今回のキャンプでは「フォトテーリング」（地図を見ながら写真の場所を探す）や「バードコール（小鳥のさえずりのような音を発する楽器）作り」、「組み紐《ひも》細工」などのプログラムが行われた。

夕食は、家族で作る定番の野外カレーライス。最後はスタッフが趣向を凝らしたゲームや歌を披露しながら、キャンプファイア。「火水風」の恵みの大切さを、さり気なく教えていた。

明朝、どんな夢を見たのか子供たちに聞いてみたい。

〈『天理時報』平成24年9月30日号掲載〉

家族が力を合わせて夕食のカレーライス作り

「さんさいの里」のテーマ「たすけあいと創造」について記した案内板の前で

天理の野外活動

親神《おやがみ》・天理王命《てんりおうのみこと》は、人間が互いにたすけ合う「陽気ぐらし」を見て共に楽しみたいと、この世界と人間を創造された。そして、いまなお人間の身体《からだ》と世界の一切をつかさどり、守護していると教えられる。この親神様のご守護を十《とお》に分け、それぞれの働きを分かりやすく説いている。

そのうち「火水風」は、親神様のご守護の基本となるもの。自然の中でのキャンプ生活を通じて、「火水風」の有り難さを実感し、恵みに感謝することを子供たちに伝えている。

次世代へと継承する幸福

MY FIRST TENRI

いままでこんなに柿を見続けたことはなかった。
天理から桜井までの「山の辺の道」を歩くとき、いつも柿を観察した。五月の青葉から定点観測してきたが、ようやく実りの季節を迎えた。もうすぐ収穫である。そこで、食べる前にカメラで柿を〝頂く〟ことにした。
今年は夏前の気温が高かったり低かったりで、柿もどうしていいのやら迷ったらしい。一年間という長いスパンでの栽培・収穫は、農家の人々にとって、さぞかし大変なことだろう。
この写真の柿畑は、天理市萱生《かよう》町に

夕陽《ゆうひ》に照らされ、ほんのり色づく柿畑

ある。なんでも、この地が柿の代表的品種「刀根《とね》柿」の発祥の地という。柿は鎌倉時代には、収穫を目的として栽培されていたようで、日本人と柿の付き合いは長い。

刀根柿を一つ頂いた。なんとも甘くて美味《おい》しい。そして、この柿に種がないのには、びっくりした。

柿の用途はさまざまだ。葉の殺菌効果を生かして押し寿司《ずし》を巻いた「柿の葉寿司」をはじめ、柿渋による着物の染色や、家具の防腐剤、生薬や止血剤としても応用されている。また、かつてはゴルフクラブ（ウッド）のヘッドに柿材を使ったものが多く、「パーシモン」の名で親しまれていた。

「柿食へば鐘が鳴るなり法隆寺」という正岡子規の有名な俳句があるが、柿を食べたのと鐘が鳴ったのは同時か、法隆寺のどの辺りにいたのか……などと推理してみたくなる。

「桃栗三年柿八年」といわれ、播種《はしゅ》から初回の結実までの期間は長い。農家の方々は、実りを得ることの有り難さを知っているせいか、柿を枝先に少しだけ残して収穫する。この風習は、来年の豊作への祈願であると同時に、野鳥の餌《えさ》として残しておくためらしい。

そうそう、昔話の「さるかに合戦」にも柿が出てくる。ただ、猿に騙《だま》されて、柿を投げつけられたカニはかわいそうだったが。

柿の成長を見てきて、ふと思った。「幸福とは、なんだろう?」と。お金、立派な家、家族の健康、信頼できる仲間がいれば幸せなのか……。

柿を見ていると、人間の幸福とは、先祖の遺伝子をそのまま傷つけることなく、少しでも成長させて次の世代へ継承することかもしれないと思った。

そんなことを考えていたら、むいてもらった柿を何も考えずにパクパク食べていた自分が恥ずかしくなった。ぜひ皆さんも、想像力を豊かにして柿を食べてみては。

〈『天理時報』平成22年10月17日号掲載〉

大和の柿

『古事記』や『日本書紀』に記述が見られるほど、古くから秋の味覚として日本人に親しまれてきた柿。大和《やまと》の人々にとって柿は馴染《なじ》み深い存在であり、現在でも奈良県の柿の収穫量は、和歌山県に次ぐ全国第２位である。

教祖・中山みきは柿の葉寿司がお好きだったという。また、帰参した信者に自ら柿の皮をむいて、「さあ、お上がり」と下された逸話なども伝えられている。

田のあぜに咲くヒガンバナも、日本のふるさとの景色

信貴《しぎ》・生駒《いこま》の山並みに陽が沈んでいく

国内外の貴重な書物を所蔵する天理図書館

後世へ伝える〝情報の宝庫〟

MY FIRST TENRI

館内に足を踏み入れると、古い紙のにおいがする。

妙に懐かしく、そこにいるだけで歴史の一ページにふれた気がしてくる。

天理図書館には、後世へ伝える大切な情報である書籍が数多く収蔵されている。

創設者（二代真柱《しんばしら》・中山正善《しょうぜん》様）は、海外布教を展開するうえで異国の文化を深く理解する必要があると考え、世界各国の文化的背景を知るために欠かせない文物や資料を自ら収集されたと聞く。

天理図書館は蔵書数約二百万冊を誇る、わが国屈指の私立図書館である。収集分野は日本・世界の宗教、民俗学、文学など多方面にわたる。『日本書紀』（国宝）、『新古今和歌集』（重要文化財）

マルティン・ルターの翻訳した『聖書』。このほかにも、世界的に貴重な文献を数多く所蔵している

天理図書館の前には、日本で最初の公開図書館「芸亭《うんてい》院」を設立した石上宅嗣《いそのかみのやかつぐ》の顕彰碑が建てられている

などの貴重な文化財も数多く所蔵し、うれしいことに、展示会などを通じて一般公開している。

今回は、たまたま講演で天理を訪問されていた『松下幸之助は生きている』（新潮新書）の著者・岩谷英昭氏（元アメリカ松下電器株式会社社会長）とご一緒した。

彼が理事を務める明治学院大学の設立者ジェームス・カーティス・ヘボン氏にゆかりのある本が、天理図書館にあるという。早速、同館を訪ねた。

僕はヘボン氏については「ヘボン式ローマ字の考案者」という程度の知識しかなく、岩谷氏に評伝をご教授いただくと、「日本にとって、国交の要《かなめ》となった最初の米国人といっても過言ではない」とのこと。

少しふれてみよう。

ヘボン氏は、ペンシルベニア州ミルトン出身で、安政六年（一八五九年）九月二十二日に横浜港到着。米国長老派教会系医療伝道宣教師であり、医師でもあった彼は、神奈川施療所を設けて医療活動を開始した。

文久三年（一八六三年）には、横浜に男女共学のヘボン塾を開設。その後、日本初の和英辞典『和英語林集成』を完成させた。

ニューヨークで次々と子供を亡くし

絶望の淵《ふち》にいた彼は、新天地を求めてペリーの黒船に妻と乗り込み、日本へ渡ったと伝えられる。

見知らぬ外国でいくつもの困難を乗り越え、日米交流のきっかけをつくった彼の人生の軌跡に感動を覚える。

彼が手探りで制作したオリジナルの辞典が、ここ天理図書館で大切に保管されている。実物を目にした瞬間、われわれ日本人にとって重要な文化交流の出発点となったことに、心から敬意を表したいと思った。

まさに天理図書館は、後世へ伝える貴重な〝情報の宝庫〟である。

〈『天理時報』平成23年10月16日号掲載〉

落ち着いた文化的たたずまいを見せる受付

天理図書館

天理図書館は昭和５年（1930年）に開館。その歴史は古く、大正８年（1919年）、天理教青年会が図書の収集を始めたことにさかのぼる。

200万冊を超える蔵書のジャンルは、宗教学、考古学、民族学、地理学、言語学、各種外国文学、国文学など多岐にわたる。特に東西世界の交渉史、カトリックの東洋伝道史の関係資料や古きりしたん文献などは、世界的にも重要な文化財となっている。収蔵図書の中には国宝６点、国指定重要文化財85点、重要美術品66点が含まれる。

学生が守り抜く伝統芸能

MY FIRST TENRI

今年、平城京遷都から一千三百年を迎えるということで、奈良ではさまざまな関連イベントが行われている。

　そんななか、天理大学雅楽部が古代の宮中行事を再現すると聞き、見学することにした。天理から十数分でJR奈良駅に到着。そこから専用バスで十五分ほど走ると、平城宮跡が見えてきた。

　古《いにしえ》の都は、想像以上に広大だった。「ここが奈良時代の日本の首都だ」なんて急に言われても少々戸惑う。有名な「あをによし」という枕詞《まくらことば》も、平城京の青や朱の彩りの美しさから来ているらしい。僕らの祖先の姿を想像するだけでもミステリアスで、ワクワクする。

　九十八ページの写真を見ていただければお分かりだと思うが、まるでタイムスリップしたかのように、当時の様

天理大学キャンパス内で、雅楽の練習に励む学生たち

女子学生によるこの舞も、雅楽部が試作復元したもの（奈良市の平城宮跡会場で）

子を見事に再現した舞台は、会場を訪れた人々を驚かせた。

この舞台は、奈良時代後半の称徳《しょうとく》天皇の時代、折にふれて儀式や宴会が催された「東院《とういん》」である。その一角にある庭園は、石を敷き詰めた池や石組みのある築山《つきやま》、趣向を凝らした建物や橋などから成り、当時の宮廷生活の優雅さがうかがえる素晴らしい場所だ。

この庭園で再現された「曲水《ごくすい》の宴《えん》」といわれる宮中行事は、天平《てんぴょう》衣装の文官と女官が酒を酌《く》み交わしながら漢詩を詠む優雅な遊び。この宴を盛り上げる雅楽演奏と舞を、天理大学雅楽部の学生が披露していた。日々鍛錬《たんれん》した篳篥《ひちりき》や龍笛《りゅうてき》、笙《しょう》などが奏でる古代の音色と、女子学生の優雅な舞を堪能《たんのう》した。

雅楽とは、宮中や寺社において伝わる日本古来の音楽。平安、鎌倉、室町時代と様式を変えながらも進化していき、江戸時代には雅楽を愛好する大名も増え、古曲の復曲が盛んに行われたらしい。

天理大学は「幻の天平芸能」といわれる「伎楽《ぎがく》」の復元演奏にも取り組んでおり、海外で数々の公演を開いているという。

学生のクラブ活動として、伝統芸能を継承していくのは大変なことだろう。しかし、その苦労や努力が形として後世へ伝わっていくことを思うと、やりがいは大きい。

仲間と息を合わせ、心を一つにする彼らの演奏を聴いて、悠久《ゆうきゅう》の昔に思いを馳《は》せ、日本人が大事にしてきた雅《みやび》な空間にゆったりと浸《ひた》ることができた。そして、古来の日本文化が、しっかりと受け継がれていることを感じた。

今後も、顧問を務める佐藤浩司教授の指導のもと、もっともっと世界へ羽ばたいてほしい。

〈『天理時報』平成22年11月14日号掲載〉

「伎楽」は昭和55年(1980年)、専門家を集めたプロジェクトとして復元。雅楽部は演技と演奏を担当した

天理大学雅楽部

天理大学雅楽部は昭和26年（1951年）、雅楽の持つ芸術性に注目し、演奏技術の習得ならびに普及を目的として創部された。

天理、大阪、東京での定期公演をはじめ、日本各地で演奏活動を繰り広げる一方、海外でも昭和50年の韓国・香港・台湾公演を皮切りに、20回を超える海外公演で延べ50カ国を訪れている。

また「幻の天平芸能」といわれる「伎楽」や、廃絶した催馬楽《さいばら》、舞楽の試作復元などにも精力的に取り組んでいる。学生のクラブ活動の領域を超えた活動は、国内外で高い評価を得ている。

定期公演では伎楽をはじめ、管絃、舞楽などが披露される

部員たちは装束や面の制作にも取り組んでいる

神苑周辺では、一年を通じて造園課のスタッフが木々の剪定に当たっている

帰参者を迎える秋の木々

MY FIRST TENRI

天理駅で降りると、いつも贔屓《ひいき》の中華屋さんへ足を延ばし、チャンポンを頂く。そして、そのままカメラ片手に神苑へと向かう。

いまは、なんといっても紅葉がピークを迎えており、それは見事だ。特に大和《やまと》の自然は、四季折々の色彩と盆地特有の立体的な造形が織りなすコントラストが素晴らしい。目に飛び込んでくる黒光りした瓦《かわら》と木造建築に樹木が映える。僕は、ここの木々が大好きだ。ここで共存している野鳥も気になる。

今回は、営繕部造園課の小芝俊明《としあき》さん（51歳）に、天理の木々について素朴な疑問をぶつけてみた。

なんと親里《おやさと》には約二百二十種類の樹木があり、梅雨明けから年末にかけて五十人ほどのスタッフが剪定《せんてい》などに汗を流しているという。主に剪定するのは二十数種類に上るらしい。冬場は植え替えや竹製の柵《さく》作り、施肥《せひ》作業などに追われる。〝樹木の治療〟に漢方薬

まで駆使して手入れをしていると聞いて驚いた。つまり一年中、休む暇がないということだ。自然相手の仕事は厳しい。

「教祖殿前の梅は、いいですね」

「あれは摩耶《まや》紅梅です。下に笹《ささ》を植えることで、雑草が生えるのを防いでいます」

「南礼拝場《らいはいじょう》前東側の手水舎《てみずや》の近くの木が好きなんです」

「あれは黒松です。ちなみに、南門《みなみもん》から神殿へ向かう参道にあるのはクスノキです」

剪定したときのクスノキの香りは、なんとも爽《さわ》やかなのだそうだ。次回から意識して歩いてみよう。東礼拝場北側の枝ぶりのいい松は、赤松らしい。

さまざまな樹木の知識を教わると、以前より楽しい見方ができて、足取りも軽やかになった気がする。

ついでに、個人的に気になる野鳥のことを聞いてみた。

「鳥の巣などは、見守ったりするのですか？」

「鳥たちが巣立っていくまで、その木だけは剪定をしません。カラスの巣などは、親鳥が攻撃してくることもあるので注意しています」

春はメジロが可愛《かわい》く、北大路のナンキンハゼにはヒヨドリが来るそうだ。

天理の豊かな自然には心癒《い》やされる。いつも帰参者の喜ばれる顔を楽しみにしているという、自然を守る匠《たくみ》の話を聞いてうれしくなった。

最後に、とっておきの親里の紅葉名所を尋ねてみた。

「東筋《ひがしすじ》にある和楽館《わらくかん》の北西の角に、足元はカシの生け垣の緑、その上にモミジの赤、背景にイチョウ並木の黄色が見えるポイントがあります。親里へ帰ってきた人たちを、木々がお出迎えしているようなんです」

皆さん、いまがシャッターチャンスですよ。

〈『天理時報』平成24年11月18日号掲載〉

和楽館北西の角にある、小芝さんお薦めの紅葉スポット（右ページ）
緑のゲートの向こうに連なるカエデのグラデーションが素晴らしい（左上）
枝の一つひとつを丹精込めて手作業で整える（右下）
夕暮れどき、神苑に木々のシルエットが浮かび上がる（左下）

知られざる花の名所

天理は秋の紅葉だけでなく、四季折々の花々によって彩られる〝花の名所〟でもある。

なかでも桜は、神苑を中心とする一帯に13品種２万６千本余りが植えられており、３月中旬から咲き始めるアタミザクラを筆頭に、約１カ月間、親里の春を彩る。

これらの花々は、営繕部造園課の勤務者や、天理高校農事部花卉《かき》班の生徒の手によって丹精され、参拝者の目を楽しませている。

スポーツ経験がもたらすもの

MY FIRST TENRI

試合を目前に控え、練習に励む天理大学ラグビー部（白川グラウンドで）

〝冬の三大スポーツ〟といえば、サッカー、ラグビー、駅伝だろう。お正月は毎年、テレビの前で一喜一憂する。

今回は、天理大学ラグビー部を訪ねた。白川グラウンドに足を踏み入れると、いきなり部員たちから威勢のいいあいさつを受けた。

見渡すと、人工芝のグラウンドはきれいに整備されており、試合直前の選手たちは緊迫感あふれる中で練習していた。

そんな彼らの姿に、僕のスポーツ好きの血が騒ぐ。実は若いころ、ラグビーをやっていた。ポジションはフォワード二列目のロックで、四・五番の左右両サイドを経験した。

フォワードは、犠牲的精神でバックスへボールを供給する役割だが、昔の仲間が集まると、いつも「おまえはボール離れが悪くて、すぐ自分から突っ込んでいくんだよな」とからかわれる。自己顕示欲の強さだろうか、いまさら反省しても仕方ないが……。

天理大学は現在、関西大学Aリーグを全勝中で、一試合を残して二位以上が確定、全国大学選手権への出場が決まっているという。

そんなラグビー部を十八年間指導している小松節夫監督は、「バックスのスピードに乗った〝展開ラグビー〟で一気に攻め立てる持ち味が出せれば、大学選手権でも勝負できる」と話してくれた。

天理大学は、部員百人ほどの大所帯だと聞く。試合では、レギュラーとリザーバーの計二十三人以外はベンチにも入れず、スタンドでの応援団となる。

ラグビーでは、試合が終わることを「ノーサイド」と言う。これは、試合が終了すれば敵味方の区別なし、という意味だ。

グラウンドで試合に臨んだ選手には満足感があるだろうが、補欠やケガでグラウンドに立てなかった選手には、どこかに不満が残るかもしれない。

だが実は、人生のチャンスは平等にやって来る。しかし、常に準備をしておかないと、そのチャンスをものにできない。たとえ試合に出られなくても、クサらずに最後までやり抜く力を学んでほしい。そのスポーツ経験は、のちに実りある人生をもたらしてくれるはずである。

憧《あこが》れのバックス陣は、風を切るように走り、ゴールを目指して突き進む。かっこいいなあ！

彼らには、試合に出られない大多数の部員の分まで頑張ってもらいたい。グラウンドに立ち、パスをもらう喜びを、颯爽《さっそう》と風を切って走る喜びを、忘れないでほしい。

大学選手権での健闘を祈る。

〈『天理時報』平成22年12月5日号掲載〉

全国大学選手権に向けて厳しい練習を重ねる

選手たちに熱いまなざしを注ぐ小松監督

天理ラグビー

中山正善《しょうぜん》・二代真柱《しんばしら》は、信仰に基づく人材育成の一助として、柔道やラグビーなど各種スポーツを学校教育の現場に導入された。

二代真柱によって旧制天理中学校と天理外国語学校に相次いでラグビー部が創設されたのは大正14年（1925年）。その際、天理中学校には純白、天理外国語学校には漆黒のジャージーが贈られた。白と黒のシンプルなデザインは、今日の天理高校と天理大学のジャージーとして、それぞれ受け継がれている。

〃大切なもの〃頂ける場所
MY FIRST TENRI

十一月末、陽《ひ》の光が燦々《さんさん》と降り注いでいる。晩秋の紅葉が優しく色を添える本部神殿を撮影した。おやさとやかた南右第二棟四階ベランダから北向きに狙《ねら》ったものだ。

イチョウの黄色、ケヤキの赤、カエデの朱色、マツの緑、それに神殿の瓦《かわら》の黒、教祖殿の銅板瓦のエメラルドグリーン。その一つひとつを確認するように丁寧に眺める。

これらを全部混ぜたら何色になるのだろう。大げさだけれど、われわれは

おやさとやかた南右第二棟から本部神殿を望む

太陽の光によって生かされていると、あらためて感じる。

最近、ますます写真というものが面白くなってきた。空気感と距離感と光の三原則を基本に撮影した瞬間、それは〝過去〟になる。そこが愉《たの》しくもあるし、何よりも写真は楽しい出会いをもたらしてくれる。

そんな意味合いを兼ねて、僕は毎月末の日曜日に「C-sow《シーソー》」という写真教室を東京で開催している。お題を出して写真を投稿してもらうシステムで、メンバーは三十人くらい。常連は十二、三人だ。

十一月は「気」がテーマである。何かテーマを掲げて撮影すると、正面から向き合う自分自身が分かるものだ。

また毎週木曜日は、さまざまな障害を抱えた高校生が通うフリースクールで写真クラブの〝団長〟も務めている。

そこで「目からうろこ」の写真に出くわす。高校生たちの〝そのまま見た世界〟を素直に表現する力はすごい。

よく言われることだが、最初に何げなく撮影したショットが一番いい。経験値が邪魔をして、気取って撮影している自分が惨《みじ》めになる。

近年、写真表現の世界がデジタル化されたことにより、誰《だれ》もが写真をコミュニケーション・ツールとして使えるようになった。実に素晴らしいことである。

この日、僕はカメラ片手に神苑をぶらぶら散歩した。

神苑の玉砂利の音が心地良い。いつものことながら、マツの木がきちんと散髪してある。静寂のなか、優しい感覚が湧《わ》き上がってくる。

ここは僕にとって、思い出だけでなく〝大切なもの〟をたくさんもらえる場所だ。冬間近の夕陽の影が、僕を足長おじさんのように大きく見せる。

〈『天理時報』平成23年12月4日号掲載〉

おやさとやかた

昭和28年（1953年）、かんろだいが据えられている「ぢば」を囲む八町（約872メートル）四方の線上に、おやさとやかた68棟を建て巡らせる「おやさとやかた構想」が、二代真柱《しんばしら》によって打ち出された。第１期工事は翌29年に着工し、およそ１年半で竣工。現在、28棟が立ち並んでいる（126ページに写真）。

これらの普請は「屋敷の中は、八町四方と成るのやで」との教祖《おやさま》の言葉に基づいて進められている。

「柔道」から「ジュードー」へ

MY FIRST TENRI

天理といえば柔道、柔道といえば天理。僕にはそういうイメージがある。念願叶《かな》い、初めて天理大学柔道場に足を踏み入れることができた。

偶然にも、フランスのジュニア・ナショナルチームのメンバーが、天理大学の柔道部員たちと二週間の合同練習に励んでいるところに遭遇《そうぐう》する。チームは、ほぼ同世代の十七歳から十九歳までの選手たちで構成され、未来のフランス・ナショナルチーム入りが期待されるエリートたちだ。きっと、次回のオリンピックや世界選手権代表を狙《ねら》う選手もいるだろう。

天理柔道の〝生みの親〟でもある二代真柱《しんばしら》・中山正善《しょうぜん》様は、海外の柔道を志す若者を天理に招き、柔道家として育てられてきた。彼らの多くは、本場で柔道のすべてを吸収することはもちろんだが、日本の伝統文化も学びに来ているのだ。明日は敵同士になるかもしれないが、お互い真剣に切磋琢磨《せっさたくま》している姿は見ていて気持ちよく、その気合いの入った練習姿に目が釘《くぎ》づけ

互いに切磋琢磨する天理大学柔道部員とフランスの選手

になった。

　一九六四年、東京オリンピック柔道無差別級決勝で、日本代表の神永昭夫選手がオランダ代表のアントン・ヘーシンク選手に敗れたことは、日本人にとって大きなショックであった。当時、小学六年生だった僕は、学校の講堂で一生懸命に応援したことを思い出す。勝利の後も「袈裟《けさ》固め」を解かず、神永選手を左懐に抑え込んだままのヘーシンク選手の右手が静かに上がる。それは勝利に狂喜した自国オランダの応援団を制するためだったという。

　そのとき僕らは、柔道の精神には、世界へ羽を伸ばし続ける未来があることを感知した。「柔道」からグローバル・スポーツとしての「ジュードー」への始まりだったように思える。

　昨年、取材でサンフランシスコ在住の女性柔道家・福田敬子十段（99歳）とお会いした。敬子さんは、嘉納治五《かのうじご》郎《ろう》の柔術の師であった福田八之助の孫として生まれ、一九六六年、米国へ渡って柔道を広めた。「嘉納治五郎先生は柔術の伝統技を習得し、体育・競技・修心の要素を取り入れた『柔道』を考案されました。嘉納先生は私の人生の道しるべになった恩師です」と話してくださった。

　ヘーシンク選手は天理大学で稽古《けいこ》に励んだと聞く。多くの先達が歴史の礎《いしずえ》になってくれていることに、ここ天理であらためて感じ入った。


〈『天理時報』平成24年12月16日号掲載〉

ロンドン五輪日本代表の穴井隆将氏から指導を受ける（左）

東京五輪の秘話

昭和39年（1964年）の東京オリンピック開催に先立つ３年前、ギリシャ・アテネで開かれた国際オリンピック委員会（IOC）総会で実施競技の最終選考が行われた。同総会を前に、日本オリンピック委員会（JOC）から全権委任を受けて交渉に当たったのが、中山正《しょう》善《ぜん》・二代真柱《しんばしら》であった。二代真柱は当時のIOC会長、アベリー・ブランデージ氏と親交があり、天理に招待したことがあった。このときの懸命なロビー活動によって、柔道が正式種目に採用されたという秘話がある。

特別編●「東日本大震災」被災地ルポ

「天理」の力を結集し 日本の未来に希望を

遠野市の災救隊の拠点を示す表示板

三月十一日午後二時四十六分に発生した「東日本大震災」は、岩手、宮城、福島の東北三県を中心に甚大《じんだい》な被害をもたらした。

自然の前では、人間の「想定外」という言葉は通じない。この大震災で、私たちは自然の脅威を、あらためて思い知らされた。

しかし、それでもわれわれは、未来に向けて「覚悟」を決め、強く生きていかなければならない。四月に入って、ようやく少し冷静に考えられるようになった。

完全自己完結型の活動

羽田空港から日本航空特別便に乗る。よく晴れた風の強い日だった。機内の窓から太平洋や宮城県境の蔵王《ざおう》連峰が見える。眼下で起きている悲劇など感じさせない、美しい日本だった。

午前十時四十三分、いわて花巻《はなまき》空港に到着。すぐさまレンタカーに乗り込み、天理教災害救援ひのきしん隊（略称＝災救隊）の活動拠点の一つとなっている遠野《とおの》市の公共施設を訪ねた。

ちょうどお昼時、隊員の皆さんが仮

仮設テントの食堂で、食事を振る舞ってくださった

設テントの食堂に招いてくれた。食堂では、東北訛《なま》りの気の良さそうな婦人が「いまのうちに食っとけ」と、野菜のたっぷり入った「のっぺい汁」と温かいご飯を出してくれた。

食事中、数人の隊員に矢継ぎ早に質問して、これまでの出来事をニュース・ダイジェストのごとく聞いた。彼らは一つひとつ噛《か》みしめるように、地震の体験と今後の活動について語ってくれた。

天理教の災害救援活動の特長は、衣食住を自分たちで賄《まかな》う完全自己完結型だ。つまり、被災地の誰《だれ》にも面倒をかけないで、自力で復旧作業に当たると

避難所となった釜石分教会に身を寄せる木村さん家族三人（左から）と鈴木会長夫妻

いうことである。

今回の大震災は広範囲に及び、特に沿岸部地域は津波によって壊滅的な被害を受けた。行政も混乱状態となり、これまでのようにボランティアが着の身着のままで被災地に乗り込んでも、食事や寝る場所を自力で確保しないと誰一人たすけることはできない。

ここに、災救隊が行政から頼られる所以《ゆえん》があるのかもしれない。

僕はテント前の駐車場に立って遠くを眺め、大きく深呼吸をした。

遠野市の拠点を出発して、釜石市《かまいし》へ向かう。まずは天理教釜石港分教会で、岩手教区隊の大谷將司《しょうじ》隊長（64歳）と合流し、作業現場へ案内してもらった。

この日は、市からの要請で、子育て支援センターで泥出し作業を行っているという。現場に足を踏み入れて驚いたのは臭《にお》いである。海水とヘドロと汚水が混ざり、強烈な臭いを発していた。

現場の第一印象を大事にする僕だが、映像ではなく臭いから入っていかざる

遠野市の公共施設に、災救隊の拠点として設置された宿営テント（右上）
公園のそばにある空き地には、流れついた小船が（左上）
愛知教区隊と住民の記念撮影。左の二人が千葉社長と孫の佳樹君（右下）
愛与布教所長の渡部与次郎さん（左下）

を得ない。被災した方々は、どれだけ大変な毎日を送っておられることか。

子育て支援センターでは、青色のヘルメットをかぶった災救隊員たちが瓦《が》礫《れき》を撤去していた。隊員たちは軽く会《え》釈《しゃく》をして、黙々と作業を続けた。

温もりのある避難所

この現場から数百メートル先の高台にある、地震発生直後から避難所となっている釜石分教会（鈴木眞彦会長）を訪ねた。

そこで、母親と姉とともに生活している木村健児さん（60歳）から話を聞くことができた。

海岸沿いの自宅が津波に襲われ、逃げ遅れた木村さんら三人は、浸水を避けて三階のロフト部分で一夜を明かしたという。

翌日、水に浸《つ》かりながら避難所に指定されている近くのお寺まで向かう途中、偶然にも会長夫人の鈴木真喜さん（43歳）に道を尋ね、教会へ避難することになった。

釣り具店を経営する木村さんは、すべてを波にさらわれ、全財産はポケットに入っていたものだけ。だからカメラを向け、お母さまのきみさん（86歳）が笑顔を見せてくださったときは、僕も救われた気がした。

実は、木村さんが釜石分教会に避難していることを知った身内の方が、インターネットで検索して天理教道友社のアドレスを調べ、「鈴木様、天理教の皆さまに感謝の念をお伝えください」とのメールを送っている。

そのことを伝えると、鈴木会長夫妻は「その気持ちがうれしい」と天を仰いだ。きっと身内の方も、感謝の気持ちを誰かに伝えたくて仕方なかったのだろう。

釜石から大船渡《おおふなと》市へ車を走らせながら、僕はある大事故のことを考えていた。

実は二十六年前、日本航空一二三便が御巣鷹《おすたか》山に墜落した事故現場へ急行

重機を駆使して本格的な作業に当たる災救隊員たち（右、4月1日、釜石市内で）

した際、生存者を発見し、撮影取材した経験がある。そこで見たものは、決して忘れられない。

あのとき僕が感じたものは、「生」への痛切な願いと祈りだった。いま、そのときと同じ思いを抱いている。

科学者の寺田寅彦氏は「物事を必要以上に恐れたり、全く恐れを抱かなかったりすることはたやすいが、物事を正しく恐れることは難しい」と言った。

福島第一原発の事故に関しては、風評に惑わされないしっかりした情報が欲しい。車内から見える光景を、昔の状況と重ねながら、ひたすら車を走らせた。

大船渡市内の漁港は、カメラで覗《のぞ》くとファインダー内の天地が分からないほど想像を絶する状況だった。目指す愛与《あいよ》布教所（渡部《わたなべ》与次郎所長）は高台にあり、なかなかたどり着けない。細浦駅のそばということで、駅を目指すが、その駅がない。車が流されて道をふさいでいる。やっとの思いで到着し

たころには、もう陽《ひ》が暮れかけていた。

避難所となっている布教所は、ちょうど夕食が終わり、後片づけの最中だった。いまなお停電が続き、陽がある午後四時には夕食を済ませるそうだ。

渡部所長（82歳）は、僕を分厚い布団の掘りごたつに迎えてくれた。僕が避難所の様子を聞くと、「うちは普段から大勢の人をお世話しているから、そんなに変わらんよ」と頼もしい。薄暗い部屋が、なぜか暖かく感じられた。

ここに避難している被災者の中には、昼は仕事や片づけに出かけて、夕方に戻ってくる人もいる。ある人は「今夜は空揚げがうまかったよ。ありがたいことに、ここさ居れば、良いがね」と、僕にまで感謝の気持ちを伝えてくれた。

ここで暮らす被災者は、いち早く復興していくような気がする。渡部所長と握手したときの温《ぬく》もりが忘れられない。

辺りは暗くなり、長い一日が終わった。

天理教の災害救援活動

天理教の災害救援活動は、明治24年（1891年）に発生した濃尾《のうび》地震の復旧支援のひのきしんに始まる。大正12年（1923年）の関東大震災や、昭和34年（1959年）の伊勢湾台風の際にも、全教挙げて救援活動を展開した。

こうした一連の活動の中で〝有事即応〟の体制を整えようという気運が高まり、昭和46年ごろから常設の〝ひのきしん隊〟として、各地で災害救援ひのきしん隊の結成が相次いだ。

現在、教会本部の「おやさと隊」と全国47教区隊、さらに唯一の〝海外隊〟である台湾「救災聖労隊」が結成されている。

経験値とチームワーク

翌日、宮城県東松島市へ向かった。道路が寸断されており、地図とGPSが付いたスマートフォンで交通規制をかいくぐって、なんとか災救隊の拠点となっている赤井公民館に到着した。

この日は、愛知教区隊が重機を駆使して奮闘していた。

その一人、家屋の解体業を営む千葉光男さん（62歳・愛昭神《あいしょうしん》分教会所属）は、体格のいい中学二年生の孫・杉浦佳樹君を連れて災救隊に志願したという。社長と中学生のコンビは力強く、家族の絆《きずな》が〝未来〟を予感させる。

隊員たちは、周辺の民家を一軒ずつ回って瓦礫と泥を懸命に取り除く。ある住民は「どうしたらいいか途方に暮れていたので、本当にたすかった」と涙ながらに感謝していた。「あにさん、夏になったら遊びさ来てえ」と隊員の手を握る人もいた。

被災地では、津波で流された車や大

きな瓦礫は、重機がなければ取り除けない。そのことを事前に察知して、独自に重機を用意した災救隊の経験値とチームワークに感心した。

　この後、僕は随分と長く車を走らせ、岩手県の三陸海岸を目指した。山間の国道四五五号を抜けると、空が夕焼けで赤く染まり始める。やがて、宮古《みやこ》市に程近い小本《おもと》海岸に着いた。夕暮れに広がる海の壮観な景色に、僕は思わずシャッターを切り続けた。

　海岸には、波に流されたテトラポッドが、海の怒りを鎮めるモニュメントのように散乱している。自然の脅威の前では、人工的なテトラポッドは無力に見え、その最後の嘆きを目の当たりにしたようで、つらかった。

　岩手県の太平洋沿いの田野畑《たのはた》村で生まれた友人が、震災後のさまざまな思いを綴《つづ》った詩がある。

『祈りの詩《うた》』

わたしたちは
ただ生きていきたいだけなのです
欲望も野望もありません
碧《あお》い海が好き　ただそれだけで
この地で静かに生きてきた
お願い　しずめて大地と海原の怒り
もとの静けさで感じたい
自分を生きたい
いのちをつむいでいきたい
それだけの願い　誰か聞いて下さい

　この詩に添えて、こんな手紙が入っていた。
「すべての思い、悲しさを正直に素直に出しきり、そして新しい道を皆と歩み始めたいと思います」

＊

　最後に、各地の災救隊の皆さま、お疲れさまです。全国から集結する「天理」の力で被災者をたすけ、日本の未来に希望を与えてくださることを願っています。

〈『天理時報』平成23年4月17日号掲載〉

津波に流され、砕けたテトラポッド

結びにかえて

　この本は、天理教道友社から発行されている週刊『天理時報』に、「Ｍｙファースト天理」と題して、ほぼ月に一度、三年間連載したものをまとめ、さらに未掲載の写真を加えて再編集したものです。
　縁あって、僕が見て感じた素朴な天理を紹介する機会を頂きました。季節をたどりながら幾度となく訪れ、歴史あるこの地の空気や季節の色、風の中で出合ったたくさんの思い出を、写真とともに綴《つづ》ってご紹介しております。

　僕は「心のふるさと」という言葉がとても好きです。

　カメラを片手に散歩しながら出合うものは、常に同じ被写体ではありません。特に、自然はいつも変化しており、季節や時間といった素晴らしい演出によって、そこに〝ドラマ〟を生み出してくれます。

　早朝、東の山並みから陽《ひ》が昇り、次第に神殿を明るく照らし、天理の一日が始まります。そのまま南側の黒門の上空を経由しながら、木造の巨大な神殿を浮き彫りにしていきます。そんな風景の中で、僕は「なんて青い空なんだろう」と見上げ、午後はゆっく

りと西に沈んでいく夕陽に、長く伸びた自分の影を見つけては感動しました。美しい自然に囲まれ、ゆったり流れていく時の中にいると、人はこんなにも素直で優しい気持ちになれるのか。訪れるたびに新鮮な気持ちになり、心癒《い》やされました。この当たり前の日々を積み重ねていけば、人生の旅はとても豊かになると実感したものです。僕のたくさんの思い出は、そうやって増えていきました。

いろいろなところでお会いした方々が「ここに来なければ、この出会いがなければ、新しい一歩を踏み出すことはできなかったかもしれない」と、そっと教えてくださったことも印象に残っています。元気になれる場所には、人や自然のもつ優しさがあふれています。ここ天理には、いつでも還《かえ》ることのできる〝ふるさと〟のような、おおらかな懐《ふところ》の深さがあるような気がします。

この本で少しでも〝天理の魅力〟が伝わり、ページをめくるたびに「心のふるさと」を感じていただけたら大変うれしく思います。

僕も貴重な勉強をさせていただいたと感謝しております。

最後になりましたが、天理教道友社のスタッフの皆さん、忙しいなか、いつも僕のわがままを聞いてくださり、ありがとうございました。また、取材に協力していただいた皆さま方には、心からお礼を申し上げます。

二〇一四年 三月二十九日　還暦の誕生日に

小平尚典

TENRI GUIDE & INFORMATION

天理ガイド&インフォメーション

イチョウ

梅

天理市

日本で唯一、宗教名を冠した市。昭和29年(1954年)4月1日、丹波市町《たんばいち》、柳本町《やなぎもと》、櫟本町《いちのもと》、二階堂村《にかいどう》、朝和村《あさわ》、福住村《ふくすみ》を合併して市制施行。主な観光名所として、山の辺の道、石上神宮《いそのかみ》や大和《おおやまと》神社、長岳寺《ちょうがく》、黒塚《くろづか》古墳などがある。市の花は梅、市の木はイチョウ。面積は86.37平方キロ。人口6万7091人(2014年4月現在)。

天理市の歴史

今日の天理市に人が住み始めたのは、一万年ほど前の新石器時代が始まるころといわれる。市内の遺跡からは、かなりの量の縄文土器片や石斧《せきふ》・石鏃《せきぞく》が出土していることから、当時の人々はシカやイノシシを狩り、クリやシイの実を採集して暮らしていたと考えられている。

三世紀には、天理から南にかけての一帯に、邪馬台国《やまたいこく》と見られる古代王権が台頭。市南部の黒塚《くろづか》古墳からは「卑弥呼《ひみこ》の鏡」といわれる三角縁神獣鏡《さんかくぶちしんじゅうきょう》が多数出土しており、中国から邪馬台国の女王・卑弥呼に贈られたものと推測されている。

奈良時代には、奈良盆地を南北に結ぶ幹道と、伊勢・伊賀から河内《かわち》・難波《なにわ》・大阪湾へと至る東西の街道が交わる交通の要所としてにぎわった。

平安時代以降、天理市にも「荘園」と呼ばれる私有農地が広がり、その数は三十余りあった。十三、四世紀ごろから荘園内で商工業が発達し、「市場」や「座」という同業者組合が結成された。

江戸時代に入ると、丹波荘《たんばのしょう》で定期的に市が開かれた。丹波市の始まりである。現在も丹波市町には、道路の中央に大きな小屋掛けと牛の水のみ用の大溝が現存し、往年の繁盛ぶりを今に伝えている。

江戸時代末期の天保《てんぽう》九年(一八三八年)、天理教教祖・中山みきが親神《おやがみ》・天理王命《てんりおうのみこと》の啓示《おつげ》を受け、天理教が開かれた。

昭和二十九年(一九五四年)、天理市が誕生し、現在に至る。

天理教教会本部の神殿を中心に、おやさとやかたや信者詰所が建てられている

MAP

天理教教会本部
■所在地
奈良県天理市三島町
271

ACCESS

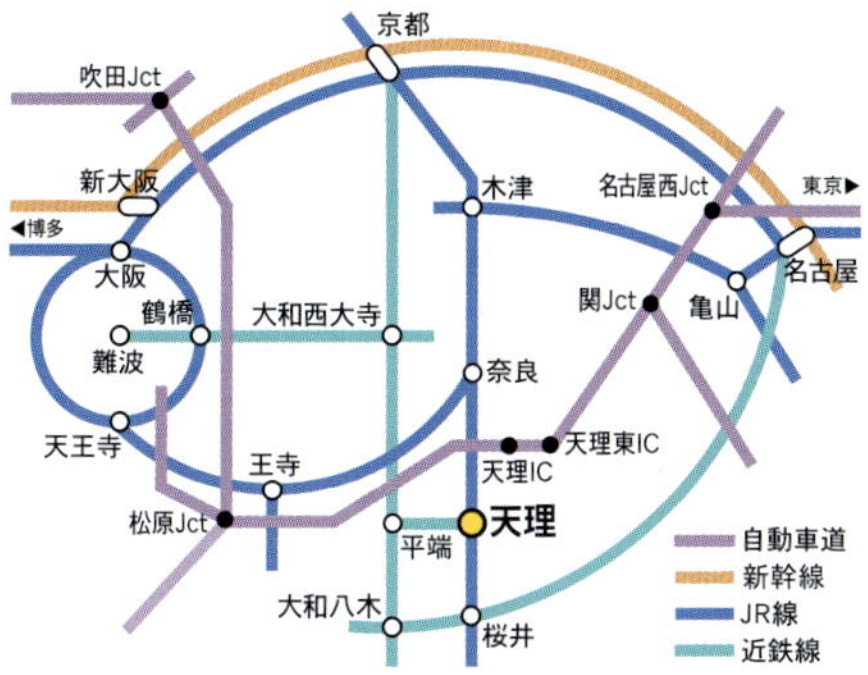

■天理駅から神殿への道のり
- JR・近鉄「天理駅」から徒歩約18分(約1.3km)
- タクシーで…天理駅から約5分
- バスで…天理駅から約5分
  バス停:天理教本部前→徒歩約3分

■電車で
- 京都駅から……約1時間
  近鉄(天理行)で「天理駅」下車
  近鉄(奈良行)で「大和西大寺駅」乗り換え→「天理駅」下車
  近鉄(橿原神宮前行)で「平端駅」乗り換え→「天理駅」下車
- 大阪駅から……約1時間10分
  JR大阪環状線・大和路線(奈良方面行)で「JR奈良駅」乗り換え→JR万葉まほろば線(桜井線)「天理駅」下車

■車で
- 東京・名古屋から……
  名阪国道「天理東IC」から約3km(約10分)
- 京都から……
  京奈和自動車道「木津IC」から約20km(約30分)
- 大阪から……
  阪神高速→阪奈道路
  「第二阪奈道路宝来ランプ」から約17km(約30分)
  西名阪自動車道「天理IC」から約3km(約10分)

WEBSITE

■天理教
http://www.tenrikyo.or.jp
■天理教道友社
http://doyusha.jp
■道友社 WEBストア
http://doyusha.net
■天理大学
http://www.tenri-u.ac.jp
■天理大学附属天理図書館
http://www.tcl.gr.jp
■天理大学附属天理参考館
http://www.sankokan.jp
■天理よろづ相談所病院「憩の家」
http://www.tenriyorozu.jp
■天理市観光協会
http://kanko-tenri.jp
■天理市の観光情報サイト「ナビ天理.jp」
http://www.navi-tenri.jp
■天理市本通り商店街組合「天理にぎわい散歩」
http://e-tenri.com

【こひら・なおのり】

1954年、北九州市に生まれる。日本大学芸術学部写真学科卒業後に渡英。81年、写真週刊誌『FOCUS』(新潮社) 創刊メンバーに参加。85年には、御巣鷹山日航機123便墜落事故の現場にいち早く到着して取材。のちに写真集『4/524』(新潮社) を刊行、英国BBC放送による「20世紀の記録写真家」に選ばれる。87年から2009年まで米国ロサンゼルスを拠点に活動し、現在は東京在住。
公益社団法人日本写真家協会会員。米国外国特派員協会会員。早稲田大学理工学部非常勤講師。
著書に、大リーガー・野茂英雄の写真集『This is NOMO』(新潮社)、ビル・ゲイツやスティーブ・ジョブスをはじめとするIT革命の先駆者たちのポートレート写真集『シリコンロード』『e-face』(ソフトバンク)、作家・イラストレーターの安西水丸との共著で、フォークアートを紹介した『アトランタの案山子・アラバマのワニ』(小学館)、アメリカンジャーニー『彼はメンフィスで生まれた』(阪急コミュニケーションズ)、未来学者ポール・サフォとの共著で『原爆の軌跡』(小学館) など。

おやさと写心帖《しゃしんちょう》 MY《マイ》 ファースト天理《てんり》

平成26年(2014年) 5月1日 初版発行

著者　小平尚典
編者　天理教道友社

TENRIKYO DOYUSHA

発行所　天理教道友社
〠632-8686　奈良県天理市三島町271
電話　0743(62)5388
振替　00900-7-10367

印刷所　株式会社 天理時報社
〠632-0083　奈良県天理市稲葉町80

ISBN 978-4-8073-0583-4